中华文明突出
特性研究丛书

05

有容乃大

向玉乔——主编
周　慧——编著

中华文明的包容性文献选读

岳麓書社·长沙

图书在版编目(CIP)数据

有容乃大:中华文明的包容性文献选读/周慧编著.—长沙:岳麓书社,2024.4

(中华文明突出特性研究丛书/向玉乔主编)

ISBN 978-7-5538-2070-5

Ⅰ.①有… Ⅱ.①周… Ⅲ.①文化史—文献—汇编—中国 Ⅳ.①K203

中国国家版本馆 CIP 数据核字(2024)第 089173 号

YOU RONG NAI DA:ZHONGHUA WENMING DE BAORONGXING WENXIAN XUANDU

有容乃大:中华文明的包容性文献选读

丛书主编:向玉乔

编　著:周　慧

出 版 人:崔　灿

出版统筹:马美著

策划编辑:刘　文

责任编辑:曾　倩

责任校对:黄　菲

封面设计:谢　颖

岳麓书社出版发行

地址:湖南省长沙市爱民路 47 号

直销电话:0731-88804152　0731-88885616

邮编:410006

版次:2024 年 4 月第 1 版

印次:2024 年 4 月第 1 次印刷

开本:880mm×1230mm　1/32

印张:8.25

字数:188 千字

书号:ISBN 978-7-5538-2070-5

定价:78.00 元

承印:湖南天闻新华印务有限公司

如有印装质量问题,请与本社印务部联系

电话:0731-88884129

总序
坚定中华文明自信

实现中华民族伟大复兴是全体中国人民的共同心愿。伟大复兴之大局与世界百年未有之大变局复杂交织，中华民族的复兴之路必定充满挑战和坎坷。要实现伟大复兴，中华民族应该坚持以习近平新时代中国特色社会主义思想为指导，坚持中国共产党领导，展现应对复杂国际局势和巨大风险挑战的决心、智慧和能力，坚定道路自信、理论自信、制度自信、文化自信、文明自信、历史自信。文明自信是最核心、最重要的自信，是中华民族道路自信、理论自信、制度自信、文化自信、历史自信的轴心和支柱，能够为中华民族实现伟大复兴提供正确思想理念引领、正确价值观念引领和正确理想信念引领。

一、中华文明因中华民族而兴

中华民族是中华文明的创造者、传承者和发展者，是中华文明的主体，其创造、传承和发展中华文明的主体性不容置疑。中华文明之所以具有强大影响力、感召力、塑造力、引领力、凝聚力、辐射力、发展力，这首先得力于中华民族的文明主体性。没有中华民族的文明主体性和积极创建文明的主体作用，就没有中华文明的繁荣发展。

中华民族的文明主体性是在创造、传承和发展中华文明的历史进程中锤炼而成的。中华民族在中华大地上繁衍生息，开天辟地，战天斗地，砥砺前行，积极进取，奋发图强，展现了自立、自强、自信的集体性精神品质，形成了无比强大的文明主体性，建构了具有突出连续性、创新性、统一性、包容性、和平性的中华文明，为人类文明进步做出了卓越贡献。

中国共产党的坚强领导极大地增强了中华民族的文明主体性。中华民族创造了辉煌灿烂的古代文明，尤其是凭借四大发明闻名于世，古代中国也因此而位居世界四大文明古国之列，但由于在明清时期故步自封、夜郎自大、缺乏国际视野，中华文明在近代陷入前所未有的生存危机。中国共产党在国家蒙辱、人民蒙难、文明蒙尘的紧要关头诞生，将马克思主义引入中国，正确认识和处理马克思主义与中国国情、中华文化的关系问题，坚持把马克思主义基本原理同中国具体实际相结合、同中华优秀传统文化相结合，上下求索，积极作为，开创了中华文明发展新局面。在中国共产党坚强领导下，中华民族的文化自信和文明自信空前高涨。

党的十八大以来，习近平同志高瞻远瞩，对中华民族伟大复兴战略全局和世界百年未有之大变局复杂交织的国内外形势作出正确判断，"对关系新时代党和国家事业发展的一系列重大理论和实践问题进行了深邃思考和科学判断，就新时代坚持和发展什么样的中国特色社会主义、怎样坚持和发展中国特色社会主义，建设什么样的社会主义现代化强国、怎样建设社会主义现代化强国，建设什么样的长期执政的马克思主义政党、怎样建设长期执政的马克思主义政党等重大时代课题，提出一系列原创性的治国理政新理念新思想新战略"①，创立了习近平新时代中国特色社会主义思想。习近平新时代中国特色社会主义思想是中国式现代化和新时代中国特色社会主义建设事业的指导思想，是建设中华民族现代文明和推动构建人类命运共同体的指导思想。自从有了习近平新时代中国特色社会主义思想的正确指导，中华民族以更加自信、更加豪迈的态度推进中国式现代化、新时代中国特色社会主义、中华民族现代文明和人类命运共同体建设，并且在各个领域取得显著成效和巨大成就。

中华民族的文明主体性是中华文明繁荣发展的根本支撑。它凝结着中华民族创造、传承和发展中华文明的自觉性、能动性、创造性，体现了中华民族坚持铸牢民族共同体意识、坚持始终如一、坚持多元一体、坚持团结奋斗、坚持同生共荣、坚持心系世界、坚持造福全人

---

① 中共中央关于党的百年奋斗重大成就和历史经验的决议[M].北京：人民出版社，2021：25—26.

类的集体品格，彰显了中华民族以理服人、以文服人、以德服人的文明观。

二、中华民族因中华文明而荣

中华文明是中华民族的根和魂。它一旦形成，就一直为中华民族源源不断地提供思想理念引领、价值观念引领和理想信念引领，是中华民族发展壮大、行稳致远的强大精神支撑。

伟大的中华文明造就了伟大的中华民族。一个民族主要是因为它创造了伟大文明而变得伟大。中华文明源远流长、博大精深，具有广泛而强大的国际影响，这不仅说明它具有不容忽视的巨大价值，而且给中华民族带来了耀眼夺目的荣光。

中华文明的悠久历史赋予中华民族深切的历史感。一个民族不能没有文明历史感。文明历史感不仅是一种集体记忆，而且是人类生存意义的主要来源。一个没有文明历史感的民族是无法找到其生存意义的。在当今世界，很多民族因为文明中断而缺乏文明历史感。中华文明历史悠久，不仅仅给中华民族提供了精深厚重、丰富多彩的历史记忆，更重要的是为中华民族提供了深厚而强烈的历史感和生存意义感。

中华文明的持续发展赋予中华民族巨大的成就感。每一个民族都需要有成就感。巨大的成就感，不仅让一个民族具有光荣的集体记忆，而且能够为它的进一步发展提供强大动力。有些民族可能将自己的成就感建立在占领其他民族的领土上，有些民族可能将自己的成就感建立在遏制其他民族的发展上，有些民族可能将自己的成就感建立在民族利己主义行径上，而真正能够让一个民族具有最大成就感的是它所创造的文明。伟大的中华文明是中华民族弥足珍贵的传家宝，是中华民族成就感的根本来源。

中华文明的思想精髓赋予中华民族强烈的幸福感。并非每一个民族都能够享有历史悠久、底蕴深厚、一脉相传的文明。中华文明源远流长、赓续不断、精深厚重，蕴藏于中华优秀传统文化、中国革命文化和中国社会主义先进文化之中，是一个取之不尽用之不竭的智慧宝库，能够给中华民族提供正确世界观、历史观、国家观、人生观、价值观、文明观的启迪，能够给中华民族提供理论智慧和实践智慧的启迪，能够给中华民族提供自强不息、厚德载物、与人为善、以和为贵、团结奋斗、共同发展、胸怀天下、登高望远的道德观启迪。

中华文明是中华民族的共有精神家园。它是中华民族集体记忆的核心内容，是中华民族开拓精神、创造精神、奋斗精神、革命精神、改革精神、伦理精神的结晶，是中华民族生存经验和发展智慧的精华，是中华文化的精髓。只要秉着虚心向先辈学习、向过去学习、向历史学习、向传统学习、向记忆学习的正确态度，我们就能够不断从中华文明中汲取正确看世界的思想智慧、安身立命的人生智慧和造福人民的治国理政智慧。

三、中国因中华文明而强

文明强，则国强；文明弱，则国弱。中华文明的历史演进跌宕起伏，中国的发展历史也呈现为一个时强时弱的过程。中国的发展状况与中华文明的发展状况密切相关，中国的命运也总是与中华文明的命运紧密相连。

中华文明是中国发展状况的风向标。每逢重大历史事件，中国的状况都会通过中华文明的存在格局得到集中体现。经过春秋战国时期的长期战乱，饱受战乱之苦的中华民族渴望实现国家统一，中华文明的统一性对中华民族发挥了价值引领作用，这是秦始皇能够统一中国的民心基础、思想基础。时至近代，外国列强的轮番侵略曾经让中华民族的文明自信受到严重打击，这是中国陷入近代危局的最深层原因。当然，随着中华民族重拾文明自信，中国最终又摆脱了危机，再次雄踞世界东方。

中华文明是中国心。在中国，每当张明敏的爱国主义歌曲《我的中国心》唱起，中华儿女就会热血沸腾、群情激昂。之所以如此，是因为爱国主义是中华民族精神的核心，也是中华文明的核心。中华文明培养了屈原、岳飞、文天祥、戚继光、郑成功、林则徐、李四光、钱学森等伟大爱国者，培养了孙中山、毛泽东、朱德、周恩来、刘少奇等为中国发展鞠躬尽瘁的革命家，培养了蔡和森、缪伯英、杨开慧、刘胡兰等为救国救民而光荣牺牲的革命烈士。他们是中国的脊梁，是中华文明精神的杰出代表。

中华文明是中国魂。中华文明具有物质文明、政治文明、精神文明、社会文明、生态文明等多种形态，但贯穿于这些文明形态之中的是中华民族在历史上形成的正确思想理念、价值观念和理想信念。由于具有正确思想理念、价值观念和理想信念的引导，中国总是能够站在历史正确的一边来谋求自身的发展，总是能够在谋求自身发展的同时心系人类的命运和世界的前途，总是能够坚定不移地走和平发展道路。

中华文明是中国的精神支撑。中华文明在，中国心就在，中国魂就在。国家强大时，中华文明会引导中华民族学习水的美德，做人如水，谦虚谨慎，戒骄戒躁，善利万物而不争，多做有利于人类文明进步的善事，而不是霸道逞强、恃强凌弱、横行天下。国家衰败时，中华文明会引导中华民族学习山的美德，做人如山，坚韧挺拔，自强不息，团结奋斗，积极作为，而不是悲观绝望、自暴自弃、无所作为。无论处于顺境还是逆境，中华民族都能够从中华文明中获取自立、自强、自信的精神力量，都能够从中华文明中获取建设强大国家的不竭动力。中华文明是伟大的中华民族建设伟大中国的底气、志气和骨气所在。

中华文明给中国注入的主要是精神力量，这就是强大的中国精神。中国精神是中华文明的精神内核，是具有中国特色的思维方式、思想理念、价值观念、理想信念、文化传统、实践智慧等构成的一个集体性精神体系，是中华民族繁衍发展、不断壮大的强大精神支撑。它包括阴阳对立统一的辩证思维、尊天法地的思想理念、以德为本的价值观念、求大同的理想信念、以伦理为主导的文化传统、实事求是的实践智慧等等。

四、世界因中华文明而利

中华民族是人类大家庭的重要成员，中国是世界共同体的重要组成部分，中华文明是人类文明体系的重要内容。中华文明的发展状况，不仅决定着中华民族和中国的历史、现状和未来，而且与人类大家庭、世界共同体、人类文明体系的历史、现状和未来息息相关。

古代中国的四大发明不仅极大地提高了世界科技水平，而且从根本上影响了人类文明的发展格局。造纸术、指南针、火药、印刷术的发明及其在世界范围内的广泛传播，既造福中国人民，也造福其他国家的人民。

古代中国的丝绸之路不仅加强了中国与其他国家的经贸往来和文化交流，而且促进了人类文明的交流互鉴。中国的丝绸、茶叶、瓷器等商品通过丝绸之路输送到亚洲、欧洲国家，让很多国家的人民共享了中华文明发展的成果。

当今中国的改革开放不仅从根本上激发了中国人民的创造智慧和能力，而且拉动了世界经济的增长。通过改革开放，中国人民实现了"富起来"的发展目标，迎来了"强起来"的光明前程，拥有了前所未有的存在感、获得感和幸福感，同时为世界经济增长提供了巨大动力，给世界人民带来了巨大福祉。中国制造的商品遍布世界各国，使世界各国人民分享到了中国经济发展的丰硕成果。

中国全面建成小康社会为世界消除贫困做出巨大贡献。贫困是困扰人类的全球性问题。消除贫困是世界各国人民的共同愿望。十四亿多中国人民在中国共产党的坚强领导下完成脱贫攻坚重任，整体迈入小康社会，致力于追求全体人民共同富裕的美好生活，既极大地减轻了世界消除贫困的压力，又为其他国家解决贫困问题提供了可借鉴的成功经验。

中国坚持走和平发展道路是世界的福音。中华文明是和平型文明。中华民族具有以和为贵的思想传统，也一直坚持走和平发展道路。中国式现代化是走和平发展道路的现代化。中国不谋求通过战争、殖民、掠夺等方式实现现代化，坚持高举和平、发展、合作、共赢旗帜，坚决维护世界和平，致力于推动构建共商共建共享的全球治理体系，以自身的和平发展增进世界和平、促进世界发展，为世界人民享有和平做出重要贡献。

推动构建人类命运共同体的中国方案为世界发展指明了正确方向。在当今世界，单边主义、极端利己主义、霸权主义大行其道，加剧了国与国、民族与民族之间的矛盾和冲突，使世界陷入严重的分裂和动荡。在此国际背景下，中国提出构建人类命运共同体的方案，主张弘扬和平、发展、公平、正义、民主、自由的全人类共同价值，倡导多边主义、共同发展和文明交流互鉴，全力维护国际公平正义，呼吁世界各国重视解决日益加剧的和平赤字、发展赤字、安全赤字、治理赤字问题，为世界未来发展指明了正确方向。

世界因中华文明而利。中华文明具有突出的友好性、包容性、和平性，是友好型文明、包容型文明和和平型文明。这样的文明塑造了中华民族热爱和平、维护和平、坚持走和平发展道路的本性，塑造了中国反对一切形式的霸权主义和强权政治、反对冷战思维、反对干涉别国内政、反对搞双重标准以及主张尊重各国主权和领土完整、尊重国家平等、尊重各国人民自主选择发展道路和社会制度的品格，既有利于增进世界和平、促进世界共同发展、提高人类福祉，又有利于引导人类文明进步、加强世界文明交流互鉴、提升整个世界的文明水平。

目录

001　导论

013　**第一章　包通万物的哲学理念**
015　第一节　物之不齐　物之情也
025　第二节　凡人之患　蔽于一曲
033　第三节　万物并育　故成其大

041　**第二章　同生共荣的民族意识**
043　第一节　用夏变夷　爱之如一
054　第二节　交贸往还　楚材晋用
063　第三节　四夷乐舞　华夷辑睦

072　**第三章　多元汇聚的共同文化**
074　第一节　兴建孔庙　祭祀诸神
085　第二节　设教殊途　内外相资

095	第三节	讲论三教	进退有据

106　第四章　百家争鸣的学术传统
108	第一节	众派争流	奇花怒放
119	第二节	君子善辩	贵其所贵
131	第三节	百家伟说	崇其所善

143　第五章　上德若谷的处世之道
145	第一节	能近取譬	大道容众
151	第二节	与人为善	休休有容
159	第三节	大醇小疵	大肚能容

166　第六章　求同存异的政治智慧
168	第一节	同则相亲	异则相敬
174	第二节	广询致治	博采兴功

182　第三节　顺俗制宜　采择其善

190　**第七章　谦虚好学的博大胸怀**
192　第一节　以虚受人　不耻下问
199　第二节　博约相辅　细大不捐
205　第三节　见贤思齐　去短集长

211　**第八章　兼收并蓄的文明追求**
213　第一节　交流互鉴　知己知彼
222　第二节　师夷长技　为己所用
231　第三节　融通中外　开放包容

238　**参考文献**

导论

中华文明博大精深，源远流长，从中华文明发展的历史源流和内在逻辑来看，中华文明具有极大的包容性，其中蕴含着包通万物的哲学理念、同生共荣的民族意识、多元汇聚的共同文化、百家争鸣的学术传统、上德若谷的处世之道、求同存异的政治智慧、谦虚好学的博大胸怀、兼收并蓄的文明追求。在中华民族和世界文明发展史上，中华文明的包容性十分突出，正如习近平总书记在文化传承发展座谈会上所说，它从根本上决定了中华民族交往交流交融的历史取向，决定了中国各宗教信仰多元并存的和谐格局，决定了中华文化对世界文明兼收并蓄的开放胸怀。中华文明的包容性，具有十分重要的意义，中国文化的海纳百川，让其不断焕发新的生命力，使人类文明更加万紫千红、绚烂多彩。

中国传统文化中蕴藏着包通万物的哲学理念，它已厚植于中国人的文化基因之中，是中华文明包容性的哲学基础。习近平在联合国教科文组织总部的演讲中就曾强调"中国人在2000多年前就认识到了'物之不齐，物之情也'的道理"，既显示了这一哲学理念的历史价值，同时也赋予了它更深的时代内涵与意义。中国古代思想家早已认识到"物之不齐"（《孟子》）的道理，庄子又提出齐物论，主张"齐之不齐"。这两种观点似乎是对立的，但从各自的出发点来看，它们皆是在承认事物差异性的基础上去探讨宇宙的本体。正是因为"天高地下，万物散殊"（《礼记》），构成千姿百态的乾坤之美。中国古代思想家同时又指出，"天无私覆，地无私载"（《礼记》），"甘露时雨，不私一物"（《吕氏春秋》），因此从根本上来说，宇宙是多样性的统一，事物"莫不尽其美，致其用"（《荀子》），从而使万物包容具有客观性基础与本体论意义。而且人的认识能力是有限的，正如荀子所说"凡万物异则莫不相为蔽"，因此，人需要超越这种主观上的局限性，在包容万物的基础上破除"蔽塞之祸"（《荀子》）。其实，"万物并育而不相害，道并行而不相悖"（《中庸》），天下之水，莫不归于海，浩瀚的大海也正是由无数的"小"流汇集而成的，世界万物也是一样的道理，"以其终不自为大，故能成其大"（《老子》）。中国古代的《论语》《老子》《庄子》《周易》等典籍之中，都有对自然之道的哲学阐释，通过对诸如"道""德"等概念的阐发，揭示出包通万物的思想理念，展现出中国传统文化天人合一的特点，融天地万物为一体，成为锻造中华文明包容性的哲学基石与文化基因。

中华文明中蕴含着同生共荣的民族意识，这是在中华民族长期的共同生活中逐步形成的，是中华文明包容性的具体反映。中国历史上各民族往来不断，在政治、经济、文化艺术与生活等各方面相互影响，相互作用，促进了中华民族的大融合。中华民族是由各民族组成的大家庭，中华文明的包容性是使其具有极大向心力的一个重要原因。中国历史上采取了促进民族交往的一些措施，如轻关易道，鼓励通商，从而使各地物产流通天下。而且各民族在饮食、服饰、生活习惯、音乐歌舞等各方面通过交流通好，逐渐潜移默化，进而形成民族交融的深层互动：一方面是对各民族文明的兼收并蓄，另一方面是对各民族的"爱之如一"（《资治通鉴》），这两方面相互作用，有利于促进民族之间深层次的融合。如汉灵帝好胡服、胡乐。东汉文学家班固曾作《东都赋》，描述了汉朝举行款待四夷使者的盛大典礼之时的情景。一般来说，在表演汉朝本土乐舞的过程中，还会演奏四夷乐舞，所谓"四夷间奏，德广所及，《僸》《佅》《兜离》，罔不具集。万乐备，百礼暨"。《僸》《佅》《兜离》，是乐曲名，在这里泛指古代少数民族音乐，"四夷间奏"指各族音乐交替演奏。隋唐时期，宫廷宴乐也融入了很多外来音乐，隋炀帝"定《清乐》《西凉》《龟兹》《天竺》《康国》《疏勒》《安国》《高丽》《礼毕》"作为宫廷九部乐（《隋书》）。中国自古以来重视礼乐教化，音乐不仅是娱乐，更是一种文化，因此，对各地音乐的包容，也反映了文化上的包容心态与胸怀。中华文明具有极大的包容性，这是同生共荣民族意识形成的内驱力，中国文化灿烂神奇，深深地吸引着各族人民汇聚在一起。历史上这样的例子屡见不鲜，如匈奴单于仰慕大汉文化，元世祖仍然"遵用汉法"（《元史》），华夏文明的伟大使他们心悦诚服地接受汉化，在移风易俗中逐步形成对中华民族的认同感。

中华文明是多元汇聚的共同文化，包容会通是中国文化的品格特征。中华文明具有相互包容、兼收并蓄的思想传统，明末高僧德清就曾说："尝言为学有三要，所谓不知《春秋》，不能涉世；不精老、庄，不能忘世；不参禅，不能出世。此三者，经世出世之学备矣。"所谓知《春秋》方可入世，精老、庄之说方可忘世，能参禅方可出世，儒、道、佛各有利弊，它们之间可以融通互补，只有此三者之学兼备，才能经世出世，因此儒、道、佛之学是为学三要。中华民族的思想文化具有兼容性、开放性，在史籍中既可以找到大量兴建孔庙的史实，又可以看到众多祭祀众神的记述，而且中国文化善于吸收一切人类文明的成果，可以同任何优秀的外来思想资源融会贯通，具有海纳百川、有容乃大的包容性。在中国文化的发展中，正如宋志明所说："儒、释、道构成完整的国魂学体系，共识是人格养成、向往真善美和社会和谐。儒道两家小整合,讲出'张弛辩证法学'或'庄谐辩证法';儒释道三家大整合,进一步讲出'生死辩证法'。三家共同搭建起中国人的精神世界,共同培育着中华民族精神。"

学术思想上的百家争鸣,是中华文明的包容性在人们思想上的一种反映,在中国思想史上,形成了百家争鸣的学术传统。关于中国传统文化缘起于何时的问题,是存在争议的,但实际上其思想流派的正式形成,大致可追溯到先秦时期的"诸子百家",各种思想蜂起产生了巨大的文化磁场效应,催生出中华民族的人文精神。先秦时期的稷下学宫源于齐王的招贤纳士之策。春秋战国时期诸侯混战,齐王为了争霸天下,极力网罗天下贤才,使其齐聚稷下,诸多学士济济一堂,各抒己见。在这种学术自由的风尚之下,各种学派各显所长,互相辩论,形成了百家争鸣的学术氛围。当时来到稷下学宫的学者,既有儒家、道家、法家、墨家、名家,还有兵家、农家、纵横家、阴阳家等,人数多达千人,成为学术史上的一大盛事。司马光在《稷下赋》中曾对此给予极大赞誉:"齐王乐五帝之遗风,嘉三王之茂烈,致千里之奇士,总百家之伟说。于是筑巨馆,临康衢,盛处士之游,壮学者之居。美矣哉!"晋代陶潜在《拟古》中提到稷下学宫时还说:"厌闻世上语,结友到临淄。稷下多谈士,指彼决吾疑。"吕思勉称先秦诸子之学"乃如水焉,众派争流;如卉焉,奇花怒放耳"。此时儒、道、墨、法等诸子学说众派争流,如百花齐放,奠定了中国文化百家争鸣的学术传统。具体来说：一方面，各种学派与思想形成论辩交锋。如孟子对杨朱、墨翟之言进行批评，认为"杨氏为我，是无君也；墨氏兼爱，是无父也。无父无君，是禽兽也"；荀子则说"墨子蔽于用而不知文，宋子蔽于欲而不知得，慎子蔽于法而不知贤，申子蔽于势而不知知，惠子蔽于辞而不知实，庄子蔽于天而不知人"；《庄子·骈拇》指出，儒家之仁义道德残生害性，悖乎自然之道，所谓正道应是"不失其性命之情"。道家以玄德为德，对于儒家过分地强调仁义道德而失其情理之举，颇多微词，认为这会使人们更为迷惑。各种流派各具特色，它们相互作用，共同推动学术繁荣发展。另一方面，学术论辩重在"贵其所贵"。虽然观点各异，却是殊途同归，所以，学术论辩应相互尊重，"崇其所善"（《汉书》）。即使见解不一，双方仍然可以交好，惺惺相惜，对对方的尊重也是对自己的尊重，对思想的尊重。中国历史上有很多这样的君子之辩，如庄惠之交、鹅湖之会、朱张会讲等，虽然各自的观点不同，彼此论辩不休，但仍然可以交好如初，敬重有加，这也是学术开放包容的一种反映。

中华文明的包容性与中华民族的性格有着内在的紧密联系。在中国传统文化中，一直重视与人为善，倡导上德若谷的处世之道，塑造了中华民族独特的道德气质和民族性格。在中国历史上，儒家主张"忠恕之道"，谆谆教导人们"己所不欲，勿施于人"，做人要"仁"，所谓"仁者，爱人"（《孟子》），为了去恶扬善，终归是要纯化人性，使人为善。道家主张谦卑处下、少私寡欲，如同赤子一般含德之厚，认为"天道无亲，常与善人"（《道德经》）。佛家主张持戒修福，慈心无怨，在佛家看来，修养善行也是积累功德，福祸有因果，善恶终有报，人们要想获得福报，就必须事佛修善，佛教也鼓励善行，并以因果报应说来劝诫世人为善。因此可以说，中国古代的思想家，无论是儒家、道家还是佛家，皆以为善之道作为其伦理价值取向，这种与人为善的道德精神，历久弥新，成为中国传统文化的重要基因。道德不仅可以评价善恶，而且还可以通过对善恶是非的评判，为人们的行为选择提供指导。人不可能是单独的个体存在，其生活是面向社会的，并在与他人的关系中存在和发展，因此，如何与人相处，如何对待他人，也是伦理道德的内涵，它规定人们之间的行为规范，并建构社会关系和社会秩序，在良好的人际关系和社会秩序中，人们的幸福感就会加强，生活的满意度也会得到提升。中国传统文化蕴含着最基本的人类生存所需的底线价值，是现代社会延续历史发展的内在精神基因，这种宽厚包容、尊道贵德的思想传统，为中华民族的生生不息、绵延不绝奠定了深厚的文化根基。

中华民族是礼仪之邦，儒家主张以礼治天下，重视礼乐教化，通过礼乐文化来治国安邦，使人体认天道，修身养性。所谓"乐者为同，礼者为异"（《礼记》），从礼和乐的作用上来看，音乐强调协调，礼制重视伦常有序，正所谓"同则相亲，异则相敬"（《礼记》），礼乐教化是相辅相成的。"王者不却众庶",在国家治理中,如果圣明的君王重视用人之道,那么就能使"地无四方,民无异国",人们争相奔赴,就如细流入海,从而成就伟业,使国富民安。《周书》中说"自古明王圣主,皆虚心纳谏,以知得失,天下乃安",《史记》中也说"王者不却众庶,故能明其德"。管子云:"海不辞水,故能成其大;山不辞土石,故能成其高。"也就是说,大海不拒绝水流,所以能成就其浩大;大山不排斥土石,所以能成就其高峻。历史上圣明的君主懂得广询致治、博采兴功以及招揽人才的重要性。如唐太宗从谏如流,重视听取他人的建议。孝文帝认为治国安邦非一人之力,所以深恐"上明不周,下情壅塞",于是效仿尧置谏鼓、舜立谤木之举,下诏求谏,即《魏书》中所说"帝业至重,非广询无以致治;王务至繁,非博采无以兴功。先王知其如此,故虚己以求过,明恕以思咎。是以谏鼓置于尧世,谤木立于舜庭,用能耳目四达,庶类咸熙"。因此,"上不宽大包容臣下,则不能居圣位"(《汉书》),"惟善人能受尽言"(《国语》)。中国幅员广阔,地大物博,天下之民居于中原或四方戎夷之地,各民族的风俗互不相同,生活习惯很难改变,所谓"中国戎夷五方之民,皆有性也,不可推移"(《礼记》),因此,进行教化应尊重各民族的习俗,进行政治管理时要因俗而制宜。观察乡俗而顺俗制宜,根据实际情况规定礼制,是治国理政的良策。在中国历史上,胡服骑射本来是北方少数民族的习俗,中原地区的汉族并不擅长,赵武灵王颁布胡服令，易胡服，习骑射，其实是顺俗制宜，是利民强国之策，正如《史记》中所说"圣人观乡而顺宜，因事而制礼，所以利其民而厚其国也"。在中国历史上，"因俗而治"是重要的治国之方，《史记》中指出"悉内六国礼仪，采择其善"，《辽史》认为"因俗而治，得其宜矣"，《元史》说"因其俗而柔其人"。元世祖统一天下之后，不拘泥于旧俗，而是参酌古今，随时损益。蒙古族作为马背上的民族，善于骑射，为了便利，他们的服饰风俗习惯是短袖左衽。元世祖入主中原之后，不仅不强行要求改变汉族服饰，而且还接受汉化，逐步采取了"近取金、宋，远法汉、唐"的服饰制度。《元史·舆服志》中详细记载了天子冕服、皇太子冠服、百官祭服朝服等各种服制，而这些服饰中融入了汉服的元素。正如《元文类·经世大典序录·舆服》中所说："圣朝舆服之制，适宜便事，及尽收四方诸国也，听因其俗之旧，又择其善者而通用之。"因此历史上出现了蒙汉服装融合并存的状况。正所谓"修其教，不易其俗；齐其政，不易其宜"（《礼记》），各地风俗不一，但在国家治理中，因俗而制宜，使其看似相同，实则有异，看似不同，而实则相同，这是一种处理同异关系的政治智慧，是中华民族宝贵的精神财富，也是包容性在政治上的一种体现。

中华文明气势恢弘、海纳百川，中国传统文化具有极大的包容性，这与中华民族谦虚好学的博大胸怀是分不开的。中国传统文化蕴含着戒骄戒躁的精神，培养了中国人谦虚向学的品质和不耻下问的博大胸怀。在中国传统文化中，道家反复告诫人们要处下谦卑，《老子》中指出："大丈夫处其厚，不居其薄；处其实，不居其华。"人要虚怀若谷，因为处下也是处其厚，不要因处薄而将自己置于险地；要追寻实在之根本，不要华而不实以致遭人鄙视。在老子看来，处下之厚德就在于其容乃大，恰如江海能奔流不息，涓涓细流能滋养万物。道家认为，人应当像水一样，处于下位，不自矜，不自夸，懂得谦让、知雄守雌的道理。儒家倡导"见贤思齐"，《论语》强调"择其善者而从之，其不善者而改之"，韩愈指出"无贵无贱，无长无少，道之所存，师之所存也"（《师说》），《孔子家语》中说"以虚受人，故能成其满"，《尚书》也早已向世人强调"满招损，谦受益"的道理。事物本来就既有长处，也有短处，人也是一样。因此，善于学习的人，既能博约相辅，又懂得取长补短的道理。正如《吕氏春秋》中指出"善学者，若齐王之食鸡也，必食其跖数千而后足"，韩愈在《进学解》中也说"贪多务得，细大不捐"。天下的道理就是这样，人应懂得去其短处，取其长处，互相学习，共同进步，正所谓"物固莫不有长，莫不有短，人亦然。故善学者，假人之长以补其短。故假人者遂有天下"（《吕氏春秋》）。

中国传统文化具有兼收并蓄的内在品质与文明追求，中华民族自古以来就以开放包容闻名天下，与世界各国友好交流。中国人很早就开辟了可连通亚欧非的陆上丝绸之路和连接东西方的海上丝绸之路。西汉时张骞出使西域，加强了与西域各地的联系。在《汉书·地理志》中还有关于西汉时期南洋航运的记载,当时坐船可到多个国家,而且交通比较便利。大唐与各国海上交往密切,出现"舶交海中"(韩愈《送郑权尚书序》)、不计其数的景象。东汉时"班超所通者五十余国,西至西海,东西四万里"(《隋书》)。唐朝玄奘和尚游历西域求取佛经,"撰《西域记》十二卷"(《旧唐书》)。明代郑和先后七次下西洋,途经三十多个国家。郑和下西洋是一次壮举,促进了国家之间的往来和交流。据《明史》记载,在郑和第一次出海之时,声势浩大,他带领两万七千八百余人,乘坐六十二艘长四十四丈、宽十八丈的巨舰,浩浩荡荡扬帆出海。其后他还多次出使海外,所历"凡三十余国","所取无名宝物,不可胜计"。与世界各国的友好交流让中国文化声名远扬,传播到四面八方。据《旧唐书》记载,唐代文化繁荣,开放包容,当时日本派遣了许多遣唐使和留学生来到中国,其中著名的有朝衡、橘逸势、空海等人。朝衡本名仲满,是日本大臣,因为仰慕大唐文化,来到中国,改名朝衡,"慕中国之风,因留不去"。橘逸势、空海是日本留学生,他们来到中国学习,尤其醉心于中国书法艺术,在长安拜师学艺,广泛学习中国书法。唐朝儒学盛极一时,当时不仅全国各地众多儒士携经书会聚京师,而且高丽、百济、新罗、高昌、吐蕃等国君王,也派遣子弟请入于国学之内学习中国文化。于是在国子监之内,负笈求学、登上讲席的,有八千多人,唐朝儒学之盛况,驰名海外,这些情景都记载在史籍当中:"鼓箧而升讲筵者,八千余人,济济洋洋焉"（《旧唐书》）。隋唐时期，中国与朝鲜半岛高丽、百济、新罗来往密切，据《旧唐书·高丽传》记载，高丽子弟未婚之前，昼夜于扃堂读书习射，"其书有'五经'及《史记》、《汉书》、范晔《后汉书》、《三国志》、孙盛《晋春秋》、《玉篇》、《字统》、《字林》；又有《文选》，尤爱重之"。唐朝贞观年间，太宗还把《温汤》《晋祠碑》以及新撰写的《晋书》赠予新罗，新罗多次遣使来朝求学、求文，他们的这些要求，皇帝都予以极大满足。文明因多样而交流，因交流而互鉴，因互鉴而发展。在中华文明发展史上，中国对外来文明一直采取兼收并蓄的态度，追求美美与共的人类文明理想，从而使中华民族历经风雨依然挺立，并不断焕发新的生命力，书写出中华文明"有容乃大"的伟大篇章。

第一章

包通万物的哲学理念

中国人很早就认识到了"物之不齐,物之情也"(《孟子》)的道理,中国古代哲人在"物之不齐"的基础之上,从宇宙观、知识论以及价值论层面进一步提出"包通万物"的哲学理念。他们认为"物之不齐"是"包通万物"的前提,宇宙万物在自然界中千姿百态,正所谓"一花独放不是春"(《增广贤文》),"万紫千红总是春"(朱熹《春日》),此乃"乾坤之美也"(《孔子家语》)。在万物一体的宇宙中,"万物散殊"(《礼记》),各有不同,"物之不齐"是一种客观存在,差异性是事物存在的自然之理,万物"各有所适,物各有宜"(《淮南子》)。然而,荀子指出"凡万物异则莫不相为蔽",人们的认识能力是有限的,"凡人之患,蔽于一曲而暗于大理",所以人们需要克服主观上的局限性，以消除"蔽塞之祸"，通过"察乎两间"而反复相明，领悟"有容乃大"的意义与作用。

世间万物皆有不同，但"天无私覆，地无私载"（《庄子》），"甘露时雨，不私一物"（《吕氏春秋》），事物"莫不尽其美，致其用"（《荀子》），正所谓"草木有情皆长养，乾坤无地不包容"（李东阳《大行皇帝挽歌辞》）。中国古代的哲人和思想家不仅提出"物之不齐"乃"物之情"的观点，尊重事物的多样性，而且体会到"万物并育而不相害，道并行而不相悖"（《中庸》）的重要意义，认识到大自然中"厚德载物"（《周易》）的重要法则，懂得万物并育、包容四海的天地之道，正所谓"小德川流，大德敦化，此天地之所以为大也"（《中庸》）。

第一节　物之不齐　物之情也

1. 夫物之不齐，物之情也；或相倍蓰，或相什伯，或相千万。子比而同之，是乱天下也。巨屦小屦同贾，人岂为之哉？从许子之道，相率而为伪者也，恶能治国家？（《孟子·滕文公上》）

孟子在与儒家弟子陈相的谈话中指出，"物之不齐"乃是"物之情"，即万物各不相同是自然之理，是事物的普遍存在状态。朱熹对此曾作注："孟子言物之不齐，乃其自然之理，其有精粗，犹其有大小也。若大屦小屦同价，则人岂肯为其大者哉？今不论精粗，使之同价，是使天下之人皆不肯为其精者，而竟为滥恶之物以相欺耳。"也就是说，人们不能否认事物之间的区别，万事万物都是有差别的，只是有的差别大，有的差别小而已。正如孟子所说，事物之间可能相差一倍、五倍，十倍、百倍，甚至千倍、万倍，这是不容否认的事实，如果人们不顾事物存在的这种特殊性，强行将它们等同起来，就会导致天下大乱。孟子在这里以鞋子的价格为例来说明，大的鞋子和小的鞋子是不一样的，那么价格也应不一样，但按许行的办法，是将同一种商品不论大小都以相同的价格去售卖，那就不会有人去做大的鞋子，这将造成天下的混乱。因此，人们对待事物应尊重事物之间的差异性，不能简单地一概处理，而应理解"物之不齐"是事物的普遍存在，从而在此基础上对事物的差异性予以认可与包容。

2. 天高地下，万物散殊，而礼制行矣。……动静有常，小大殊矣。方以类聚，物以群分，则性命不同矣。在天成象，在地成形，如此，则礼者，天地之别也。（《礼记·乐记》）

天地之间万物殊不相同，无论是形态、动静、大小或声音皆有差别。因为事物的性质不一样，所以它们表现出来的形式也有所不同。比如，声音在不同的情境中会发生变化，悲伤时低微沉闷，快乐时宽畅舒缓，喜悦时高昂饱满，愤怒时粗犷激烈。正如《礼记·乐记》中所说，"凡音者，生人心者也。情动于中，故形于声"，人皆有喜怒哀乐，这些情绪通过音乐来展现，也各不相同，而这正是由于"人心之动,物使之然也",正所谓"天高地下,万物散殊",外界事物的复杂性造成了人们的反应不一。尽管万物性质各异,但世界仍然可以秩序井然;虽然"物以群分",却是"方以类聚"。也可以说,差异性虽是客观存在,但并不意味着绝对排斥,它蕴含着"聚而能容"的内在逻辑,而礼制正是受此启发而制定出来的。

3. 知常容,容乃公,公乃王,王乃天,天乃道,道乃久。(《老子》十六章)

道家思想源于老子,老子认为"道之尊,德之贵",万物都是尊道而贵德的。老子的这一思想被庄子继承发展,后世道家也沿袭了这一思想。道家以"道"为宇宙的本原,老子认为道包万物,道"周行而不殆,可以为天下母"。正如王弼注所说:"无所不包通也","则乃至于荡然公平也","则乃至于无所不周普也","则乃至于同乎天也","与天合德,体道大通,则乃至于穷极虚无也","穷极虚无,得道之常,则乃至于不穷极也"。也就是说,了解"道"就能包容万物,无所不包通,才能体现万物之公平,这样才会使天下归心,体现出"道"无所不容的特点。如果真正懂得"道",就能恒久不衰。道家的"道法自然"思想以顺其自然为主要意旨,秉承处下谦卑的柔弱之法,因此可与万物一体,并通于万物。

4. 北海则有走马吠犬焉，然而中国得而畜使之；南海则有羽翮、齿革、曾青、丹干焉，然而中国得而财之；东海则有紫、紶、鱼、盐焉，然而中国得而衣食之；西海则有皮革、文旄焉，然而中国得而用之。……故天之所覆，地之所载，莫不尽其美，致其用。（《荀子·王制》）

荀子在谈到治国理政的法度时强调要物尽其用。虽然各地的物产是丰富多样的，北海有走马吠犬，南海有铜精、丹砂等，东海有麻布、鱼、盐，西海有皮革、旄牛尾，但中原地区的人都能得到并很好地利用这些物产，使物尽其用。养育万民的方法是管理好万物，尽量把它们的长处都挖掘出来，使之能为人所用，发挥它们的效用。通过货物的顺利流通，人们不用亲自砍伐也可得到木材、器械，无须下田耕种也能获得粮食，万物各尽其用，从而使老百姓安居乐业。所以上天所覆盖、大地所承载的万物各有其特质，也各有其作用，要使万物各得其所，人民安居乐业，就应当懂得万物"莫不尽其美，致其用"的道理。

5. 刍豢稻粱，五味调香，所以养口也；椒兰芬苾，所以养鼻也；雕琢、刻镂、黼黻、文章，所以养目也；钟鼓、管磬、琴瑟、竽笙，所以养耳也；疏房、檖貌、越席、床笫、几筵，所以养体也。故礼者，养也。君子既得其养，又好其别。（《荀子·礼论》）

人有多种感官欲望,通过礼仪可以更好地规范人们欲望的满足。人是有血有肉有情有欲的生命存在物,所以,人不可能完全无视肉体的存在,而且还必然受限于它的存在,无法回避它的需要。比如嘴巴有想吃的,鲜美的肉食、谷物以及调料,是用来满足口腹之欲的;鼻子有想闻的,椒兰芳草香飘四溢,是用来满足鼻子的;眼睛有想看的,漂亮的衣服、美丽的花纹,是养眼的;耳朵有想听的,钟鼓、管磬、琴瑟、竽笙等乐器,是用来养耳的;宽敞的房子、柔软舒适的床铺,是身体所喜欢的场所。因此,感官之欲是无法否认的。人的感官欲望是多样的,满足欲望的方式也是不同的,君子既要让合理的欲望得到满足,又需用礼仪来规范或控制欲望。

6. 天无私覆,地无私载,天地岂私贫我哉?(《庄子·大宗师》)

这是子桑在面临困境时所说的一段话,反映了道家安常处顺的生活态度。庄子在这则故事中生动地阐释了大道,指出只有明了大道特征的人,才能坦然面对困境,深刻地懂得道包万物的道理。道家的道包万物思想,其实也是人的形上学倾向的反映,而且是在自觉地思考世界的本原问题。道家认为,道是万物的本原,道生万物,而德形成万物,德是道的功用。就如子桑所说,上天没有偏私地覆盖万物,大地也没有偏私地承载万物,天地岂会偏偏让他陷于贫困潦倒的境地?世间只有真正认识

"道"的人，才能懂得大道无形、广阔无边、包容万物的道理。

7. 天无私覆也，地无私载也，日月无私烛也，四时无私行也。行其德而万物得遂长焉。（《吕氏春秋·去私》）

《吕氏春秋》是战国时期秦相吕不韦召集门客所编写的一部融通诸子学说的著作，其中《去私》一篇主要论述去私的涵义及其重要性。文中通过尧舜禅让、祁奚荐贤、腹䵍诛子等故事的讲述，揭示去私的意义与作用，认为只有去私才可以成就伟业，因为上天没有偏私地覆盖万物，大地没有偏私地承载万物，日月没有偏私地普照万物，四季交替更迭也没有偏私。天地、日月、四季都没有偏私地施行恩德，于是万物得以生长。

8. 天下，非一人之天下也，天下之天下也。阴阳之和，不长一类；甘露时雨，不私一物。（《吕氏春秋·贵公》）

《贵公》与《去私》是姊妹篇，此篇在去私的基础之上更进一步说明了公的价值。公与私相对，天下并非是哪一个人的天下，天下是天下人的天下。阴阳协调不会只是有益于某类事物；天降甘露时雨也不是偏私地滋润惠泽某物。也就是说，人们要懂得世间公平之道，万物并没有偏爱，事物虽然有其特殊性，但是世界并不是为一人或一物而生。因此，要去除私心，认识到世间公平与包容的重要意义。

9. 商闻易之生人及万物、鸟兽、昆虫，各有奇偶，气分不同。……鸟、鱼生阴而属于阳，故皆卵生；鱼游于水，鸟游于云，故立冬则燕雀入海化为蛤；蚕食而不饮，蝉饮而不食，蜉蝣不饮不食，万物之所以不同。（《孔子家语·执辔》）

子夏是孔子的弟子，他与孔子谈到万物生长中元气的分限，认为易理之中人和万物、鸟兽、昆虫，各有奇、偶数之分，这是因为他们所禀受的元气不同。世界上的动物数不胜数，但都是依其种类的不同而生成的。如鸟和鱼生于阴，但属于阳，所以都是卵生；鱼儿在水里游，鸟儿在天上飞，立冬时燕雀飞入海中化为蛤；蚕只吃而不喝，蝉只喝而不吃，蜉蝣不吃不喝：万物都是有所不同的。孔子认为他的说法与老子的自然观十分类似。子夏在这里不仅指出了万物的差别，而且还进一步探究了万物千差万别的原因。

10. 故曰：羽虫三百有六十，而凤为之长；毛虫三百有六十，而麟为之长；甲虫三百有六十，而龟为之长；鳞虫三百有六十，而龙为之长；倮虫三百有六十，而人

为之长。此乾坤之美也，殊形异类之数。(《孔子家语·执辔》)

子夏不仅揭示了万物的差异及其产生的原因，而且还赞赏天地的美妙，认为这是"乾坤之美"。世间万物十分神奇，长有羽翼的动物，有三百六十种之多，凤凰居首；长有皮毛的动物有三百六十种，麒麟为首；长有甲壳的动物有三百六十种，龟居首位；等等。天地的精妙不胜枚举，凡此种种，都说明世间万物千奇百态，各有不同，从而形成世界的丰富多样性。

11. 圣人天覆地载，日月照，阴阳调，四时化，万物不同，无故无新，无疏无亲，故能法天。天不一时，地不一利，人不一事，是以绪业不得不多端，趋行不得不殊方。五行异气而皆适调，"六艺"异科而皆同道。……水火金木土谷异物而皆任，规矩权衡准绳异形而皆施，丹青胶漆不同而皆用：各有所适，物各有宜。(《淮南子·泰族训》)

《淮南子》据传是西汉时期淮南王及其门客所著，并被献给了当时的皇帝，因书中常论及君王圣人之道，涉及治国之方，得到了皇帝的赞赏。这部著作虽然受到了诸子百家学说的影响，但还是以道家思想为主，同时杂糅了其他学派的观点。在这里所谓的圣人就是能效法天道的人，虽然世间事物皆有不同，但圣人应如天地覆载万物、日月照耀大地、自然阴阳调和、四季更迭变化一样,不分亲疏,一视同仁。一年有四季,每个季节都不相同,地利不可能只有一种,人也不可能只去做一件事,因此圣人的功业千头万绪,关涉方方面面的工作。"五行异气而皆适调,'六艺'异科而皆同道",不同的事物在世间各有用途,即使属于不同的种类,也都有它的用处,规矩、权衡、准绳等这些测量工具,虽然形状各异,但皆可利用。总之,万物皆是各有所适,各有所宜。

12. 选诗诚难,必识足以兼诸家者,乃能选诸家;识足以兼一代者,乃能选一代。一代不数人,一人不数篇,而欲以一人选之,不亦难乎?(李东阳《怀麓堂诗话》)

李东阳是明代文学家、书法家,茶陵诗派的代表人物。他主张学者应具有融通包容的格局与视野,才能作出正确的判断与选择。正如他在《大行皇帝挽歌辞》中吟咏的诗句"草木有情皆长养,乾坤无地不包容",其中就蕴含着包容万物的深刻哲理。世间草木皆是有情物,而正是因为有了情,万物才能生长,天地之间没有不能被容纳的事物。因此对世间万物的包容是必不可少的,无论是自然界的一草一木,还是选诗、品鉴、治学,无不蕴含包容融通的深刻道理。

13. 胜日寻芳泗水滨,无边光景一时新。等闲识得

东风面，万紫千红总是春。（朱熹《春日》）

南宋著名理学家朱熹的《春日》一诗，从表面上来看，是一首咏景诗，春天百花盛开，到处姹紫嫣红，一幅春日的美景跃然纸上。实际上，这首诗不仅是对春日美景的描绘，而且借景抒怀、寄寓哲理。此诗文笔生动，让人在万紫千红中识得春天，"万紫千红"正是春天之妙处，各种颜色的花朵绽放，万物生长的无限春光如在眼前。在《增广贤文》中有"一花独放不是春，百花齐放春满园"之语，与朱熹的"万紫千红总是春"形成相互映照，这两句话从字面上看似乎也是对春天百花开放美景的赞咏，但其中同样蕴含着深刻的哲学道理。众所周知，春天里不可能只有一朵花开放，而是百花争奇斗艳，人、事物以及世界文明都是多彩的，就如同春天百花开放，才能春色满园，春天理应生机盎然与明媚鲜艳。因此，人们常用"百花齐放春满园""万紫千红总是春"来说明共同发展、彼此包容共生的意义及其重要性，这也可说是一直以来中华文明崇尚百花开放的包容态度与促进共同发展精神品格的生动写照。

第二节　凡人之患　蔽于一曲

1. 凡人之患，蔽于一曲而暗于大理。……故为蔽：欲为蔽，恶为蔽；始为蔽，终为蔽；远为蔽，近为蔽；博为蔽，浅为蔽；古为蔽，今为蔽。凡万物异则莫不相为蔽，此心术之公患也。（《荀子·解蔽》）

荀子从认识论的角度揭示了凡人之患，指出人们常常"蔽于一曲而暗于大理"，即人们容易犯片面性的错误。在生活中人们很容易受到蒙蔽，从而无法作出正确的判断。比如，因为一己之好造成蒙蔽，憎恶也会造成蒙蔽，对事物只看到开始，或者只知道结果，就轻易下结论，或者知远就不知近，知近就不知远，对博浅、古今之间的关系无法正确认识等，都会使人被蒙蔽。事物都有两面，远近相对，博浅相应，如果只知其一，就会"蔽于一曲"，这是常人之患。因此，人们应努力避免这种错误，克服主观上的片面性，从而形成正确的认识。

2. 曲知之人，观于道之一隅而未之能识也，故以为足而饰之，内以自乱，外以惑人，上以蔽下，下以蔽上，此蔽塞之祸也。（《荀子·解蔽》）

荀子不仅指出人们在认识上的错误，而且主张解蔽。荀子认为，人们不能仅仅满足于一知半解，或者坐井观天，因为如果只看到道的一个方面，就不能够真正认识道，仅仅把这一个方面当作完整的道去研究，就会造成"蔽塞之祸"。"蔽塞之祸"会造成严重的危害，对内会自乱阵脚，对外会使人迷惑，在上被臣民所蒙蔽，在下被君主所蒙蔽。如果人们受到蒙蔽，就不能明了真相，无法对事物形成正确的认识。所以，人们应破除这种蒙蔽，通观天下，而不是成为陷于一隅的"曲知之人"。

3. 井蛙不可以语于海者，拘于虚也；夏虫不可以语于冰者，笃于时也；曲士不可以语于道者，束于教也。今尔出于崖涘，观于大海，乃知尔丑，尔将可与语大理矣。天下之水，莫大于海，万川归之，不知何时止而不盈，……计四海之在天地之间也，不似礨空之在大泽乎？计中国之在海内，不似稊米之在大仓乎？号物之数谓之

万,人处一焉;人卒九州,谷食之所生,舟车之所通,人处一焉;此其比万物也,不似毫末之在于马体乎?(《庄子·秋水》)

井蛙、夏虫、曲士"不可以语"的原因,分别是"拘于虚""笃于时""束于教"。也就是说,井底之蛙不能见到大海,夏天的虫子见不到冬天的寒冰,一曲之士不能准确地把握道,都是他们本身的局限性导致他们无法得到正确的认识。人在世界当中十分渺小,不过是沧海一粟,所谓"天下之水,莫大于海,万川归之",因此人们应领悟自然之道,克服自身的局限性,超越有限的存在,从而达到与万物一体。

4. 天下大乱,贤圣不明,道德不一,天下多得一察焉以自好。譬如耳目鼻口,皆有所明,不能相通。犹百家众技也,皆有所长,时有所用。虽然,不该不遍,一曲之士也。……寡能备于天地之美,称神明之容。(《庄子·天下》)

庄子作为道家的代表人物,秉承老子的思想,并进一步发展了道家的学说。他认为"道"是宇宙的本原,是最根本的存在,道通万物。庄子指出,身处乱世,贤圣之道不能彰显,很多学说大多只是一面之词,很多人都是"一曲之士",固执地坚持一孔之见而自以为是。就像人的感觉器官耳、目、鼻、口,虽然都各有功能与作用,却无法彼此相通。好比诸子百家,虽然皆有所长,为当世所采用，却都是一已之得，或者说是偏见之辞，是所谓的"一曲之士"，因此很难具备天地之道的完美，不能通达万物。

5. 道恶乎隐而有真伪？言恶乎隐而有是非？道恶乎往而不存？言恶乎存而不可？道隐于小成，言隐于荣华。……欲是其所非而非其所是，则莫若以明。物无非彼，物无非是。自彼则不见，自是则知之。故曰彼出于是，是亦因彼。（《庄子·齐物论》）

庄子主张齐物论，认为道通为一，提出相对论的认识论。他认为事物是相对的，于是在这段话中他追问，大道是怎么隐匿起来而有了真假，言论是怎么隐匿起来而有了是非，大道怎么会出现而又不存在，言论又怎么会存在而又不被认可。庄子的答案是："道隐于小成，言隐于荣华"，大道被隐蔽或掩盖，才有了儒家和墨家的是非之辩、口舌之争。事物无不存在与它自身相对立的另一面，往往是"彼出于是，是亦因彼"，事物对立的两个方面是相辅相成、相互依存的。庄子的齐物论认为万物虽然看起来千差万别，但归根结底是齐一的，这就是"齐物"，是"听其不齐而自齐"，即"齐之不齐"。庄子的齐物论与孟子的"物之不齐"观点是相对立的两种学说，反映了道家思想与儒家思想的不同，但从内在逻辑上来说，"物之不齐"正是"齐之不齐"的前提，也就是说，齐与不齐实质上也是彼此并生、相互包容的。

6. 它山之石，可以攻玉。（《诗经·小雅·鹤鸣》）

《鹤鸣》中唱咏"它山之石，可以为错""它山之石，可以攻玉"，即指他乡山上的石头可以当作砺石，用来把玉石琢磨。后世对"它山之石，可以攻玉"常常加以引申和演绎，比喻为学习他人的优点，将对方的经验、长处当作自己成长的阶梯与借鉴。另外，从认识的角度来说，以他山之石来攻玉，又可以比喻为人的认识能力在相互借鉴中得到提高，从而不断提升认识水平，使视野变得开阔，心胸更为博大。

7. 相剑者曰："白所以为坚也，黄所以为牣也，黄白杂则坚且牣，良剑也。"难者曰："白所以为不牣也，黄所以为不坚也，黄白杂则不坚且不牣也。又柔则锩，坚则折，剑折且锩，焉得为利剑？"剑之情未革，而或以为良，或以为恶，说使之也。故有以聪明听说则妄说者止；无以聪明听说则尧、桀无别也。（《吕氏春秋·别类》）

人们对事物常会形成不同的见解，即使是对于同一事物、同一对象都可能有完全不同的看法。比如同一柄剑，在不同的相剑者眼中，就得出了两种完全相反的结论：一个相剑者认为这是一柄好剑，而另一个却认为是坏剑。一个人说，白色表示坚硬，黄色表示柔韧，黄白夹杂就是既柔韧又坚硬，因此是一柄好剑。但另一个人却认为白色恰恰表示没有韧性，黄色意味着不坚硬，黄白夹杂就是既不坚硬也没有韧性，柔软就会使刀口易镘，坚硬就会使剑身易折断，这柄剑既容易折断，又刀口易镘，就不可能是利剑。同一柄剑，对象没有变，它的特质也没有改变，但一个人认为是好剑，而另一个人认为恰恰相反，这说明人们的主观看法常会有分歧，就如同对这柄剑的评判一样。如果任其众说纷纭，莫衷一是，那么是非、好坏就会失去标准，就连历史上的尧、桀之间的差别也会消失，因此人们在生活中常常需要明辨是非，从而对事物形成正确认识。

8. **天曰虚，地曰静，乃不伐。洁其宫，开其门，去私毋言，神明若存。纷乎其若乱，静之而自治。强不能遍立，智不能尽谋。物固有形，形固有名，名当，谓之圣人。故必知不言之言、无为之事，然后知道之纪。殊形异埶，而与万物异理，故可以为天下始。**（《管子·心术上》）

《内业》《心术上》《心术下》《白心》是稷下道家的代表作，注重对治国用心之术的思考与阐释。《心术上》中谈到，虚，就是无所保留。世间万物纷繁复杂，尽管千差万别，却仍然有共同之理，因此可以成为世界的起始与本原。人虽有聪明才智，但终究不能穷尽一切，所以对事物的认识必须重视修心之术，要摒弃门户之见，祛除私欲，不拘于主观成见。因为如果"不修之此，焉能知彼"，而"修之此，莫能虚矣"，正所谓"虚者，无藏也"。人们如果注重心的修养，就能正确地认识外界事物。

9. 人能正静，皮肤裕宽，耳目聪明，筋信而骨强。乃能戴大圜而履大方，鉴于大清，视于大明。敬慎无忒，日新其德，遍知天下，穷于四极。（《管子·内业》）

人如果能保持正静的内圣之德，就可以耳聪目明，体察大道，明了世间万物的大道理，成为一个顶天立地的人，不会因为偏颇而有差失，可以遍知天下事物，以至四方宽广的地域而不致遗漏。

10. 万物莫不有对，一阴一阳，一善一恶，阳长则阴消，善增则恶减。斯理也，推之其远乎？人只要知此耳。（《二程集》）

"万物莫不有对"，是指世间万物不是绝对的，比如阴与阳、善与恶都是相对的，"阳长则阴消，善增则恶减"。这既反映了万物的相对性，又从另一方面体现出彼此的某种关联，即它们都有同"理"，所以在本体意义上都是可以相容相通的。

11. 故圣人于周比、和同、骄泰之属，常对举而互言之，欲学者察乎两间，而审其取舍之幾也。（《四书章

句集注》）

朱熹认为君子与小人的行为有所不同，就如同阴阳或昼夜之分，常常是相反相成的。他指出，探究君子、小人之间的区别，其实就是公私之辨。宋代程朱理学将义利之辨与公私之辨、理欲之辨打通，二程认为"义与利，只是个公与私也"，朱熹认为它们之间是"毫厘之差"，所谓"失之毫厘，差之千里"。因此圣人对于周比、和同、骄泰之别，"常对举而互言之"，通过"察乎两间"而"审其取舍"，因为只有这样，才能准确地认识事物，从而作出正确的判断。

12. 横看成岭侧成峰，远近高低各不同。不识庐山真面目，只缘身在此山中。（苏轼《题西林壁》）

人们对事物的认识往往容易出现偏差，就如同不能辨认庐山的真实面目，只是因为身在山中，视野为庐山的峰峦所局限，看到的是庐山的一个侧面，得到的是局部认识，因此必然会产生片面性。所谓仁者见仁，智者见智，人们可以对事物形成自己的看法，但要认识事物的真相与全貌，还必须客观全面，努力克服主观成见的局限性，否则就得不出正确的结论，以致"不识庐山真面目"。

第三节 万物并育 故成其大

1. 尔无忿疾于顽，无求备于一夫。必有忍，其乃有济；有容，德乃大。（《尚书·周书·君陈》）

周成王教导君陈一定要懂得忍耐，具备宽容的美德，对治下的百姓要以宽容的德行去包容，不要求全责备，这样才能获得百姓的拥戴，正所谓"有容，德乃大"。明代兵部尚书袁可立在弗过堂中题写"受益惟谦，有容乃大"以自勉，清代林则徐也曾题写八字联"海纳百川，有容乃大；壁立千仞，无欲则刚"于书室。由此可见，中国自古以来就非常重视包容的德性修养及其意义，"有容乃大"后来还常用以比喻像大海容纳百川般的宽广心胸和气度。

2. 如有周公之才之美，使骄且吝，其余不足观也已。（《论语·泰伯》）

在孔子看来，一个人即使有周公那样出色的才能技艺，但如果他骄傲而且小气，那其他方面就不值得一提了。程子对此曾予以阐释，他说："此甚言骄吝之不可也。盖有周公之德，则自无骄吝；若但有周公之才而骄吝焉，亦不足观矣。"按说，一白遮百丑，如果有周公这样的盖世才华，似乎就可以忽略其骄吝。孔子不以为然，他的这段话，应是为了刻意强调骄吝小气、不能包容的危害性，以此引起世人的警惕与重视。

3. 万物并育而不相害，道并行而不相悖，小德川流，大德敦化，此天地之所以为大也。（《中庸》）

世界如此之大，万物并存而不互相伤害，事物发展各有其规律但并不完全相背离。万事万物之所以能和谐共生，形成大自然的广袤无限，正是因为宇宙的包容法则。正是因为"万物并育而不相害，道并行而不相悖"，天地才成其为大，这是自然之理，也是世界发展的普遍法则，体现出宇宙间有容乃大的深刻哲理。

4. 博厚，所以载物也；高明，所以覆物也；悠久，所以成物也。博厚配地，高明配天，悠久无疆。……天地之道，可壹言而尽也，其为物不贰，则其生物不测。

天地之道，博也，厚也，高也，明也，悠也，久也。（《中庸》）

天地之道就在于广博浩瀚、高大光明、悠远无限，因此能承载万物、包容万物、成就万物。也就是说，万物的生存、发展和变化，都是天地之道运行的结果。

5. 今夫天，斯昭昭之多，及其无穷也，日月星辰系焉，万物覆焉。今夫地，一撮土之多，及其广厚，载华岳而不重，振河海而不泄，万物载焉。今夫山，一卷石之多，及其广大，草木生之，禽兽居之，宝藏兴焉。今夫水，一勺之多，及其不测，鼋鼍、蛟龙、鱼鳖生焉，货财殖焉。（《中庸》）

天地浩瀚无边，本是由一点光、一撮土、一卷石、一勺水等慢慢积聚而成。天是靠一点点的光亮聚集起来的，天浩瀚无穷，日月星辰都能在天上闪耀，世间万物都被它所覆盖。大地是由一撮撮的土聚积起来的，它广博深厚，可以容高山河海存于其上，世间万物都能承载。山本是一卷石之大，但宽广巍峨的高山之上，有着草木、禽兽、宝藏。大海也原本不过是由一勺勺的水聚积起来的，它深不可测，鼋鼍、蛟龙、鱼鳖等都在里面生长，各种物产珍宝都可在其中蕴藏繁殖。由此可知，小与大是相对而言的，大海由小水滴汇集而成，高山以众土累积而成，世界之大，天地山海皆能容纳，其中蕴含着"海纳百川，有容乃大"的深刻道理。

6. 道冲而用之或不盈，渊兮似万物之宗。（《老子》四章）

道家认为，"道"在宇宙自然本体上曰"道"，在人生中即为"德"，德需遵循道的要求。道和德是道家思想的两个基本概念，道是根本，道生万物，是一切事物存在的根源，所以人们要立定大本，以天道来指导修德养生。道是"玄之又玄，众妙之门"，具有形上学意义，洋溢着朴素的辩证思想。所谓"道冲而用之或不盈，渊兮似万物之宗"，在老子看来，有道之人应懂得清静自守，处下谦卑，为而不争，即无为。当然无为并不是无所作为，而是循道而行，顺势而为。在道家看来，万事万物皆有道，道是宇宙的本原，道包万物，因此应循道而行。

7. 是以圣人抱一，为天下式。不自见故明，不自是故彰，不自伐故有功，不自矜故长。（《老子》二十二章）

道家认为德与人的本性是相通的，因此道家不仅崇道，而且贵德，崇道贵德成为道家的基本价值取向。顺应天道，抱朴守真，此即道家所重之"德"。"上善若水"在道家看来，人们应当像水一样，不自矜，不自夸，处于下位，委屈求全，知雄守雌，以柔克刚，以退为进，以弱胜强，在清静无为中自守全生。人们如果懂得谦让、功成弗居的道理，就能在浊世中远离危险和祸患，获得长久的安宁和幸福。

8. **大道泛兮，其可左右。万物恃之而生而不辞，功成不名有，衣养万物而不为主。常无欲，可名于小；万物归焉而不为主，可名为大。以其终不自为大，故能成其大。**（《老子》三十四章）

在道家看来，道是万物的主宰，德能养育万物，尊道而贵德，其尊贵之处就在于能"常自然"，顺应自然，生而不有，为而不恃。世间大道流行，可包容万物，无所不及。道家无为柔性的观念是一种人生智慧，有利于人们安身立命。世间万物生长和发展都有一定的规律，特别是万物都有本原，所以应把握事物的根本。道养育万物而"不自为大"，所以才能成就它的伟大，正所谓"以其终不自为大，故能成其大"。

9. **大丈夫处其厚，不居其薄；处其实，不居其华。**（《老子》三十八章）

人之所以虚怀若谷，是因为处下亦是处厚，人要追寻实在之根本，就不要因处薄而将自己置于险地，不要因华而不实以致遭人鄙视。在老子看来，处下之厚德就在于其容乃大，恰如江海能奔流不息，涓涓细流能滋养万物。

10. **江海所以能为百谷王者，以其善下之，故能为百谷王。**（《老子》六十六章）

江海之所以能够成为百川之王，乃是由于它善于处在低下的地方。以江海为喻，也可以借此说明一个人应该像江海一样，善于处下，柔弱谦卑。海纳百川，才能成其大。

11. 地势，坤。君子以厚德载物。（《周易·象辞·坤卦》）

在《周易》中，按照坤卦的解读，大地主坤道，它养育万物，能容载万物之重，而且慈爱宽顺。因此，君子应修养这种宏大广博的美德，"以厚德载物"，根据天地乾坤治理之道，滋生万物，促使事物顺利生长，更好地促进宇宙乾坤的发展。

12. 与天地相似，故不违。知周乎万物而道济天下，故不过。旁行而不流，乐天知命，故不忧。……范围天地之化而不过，曲成万物而不遗。（《周易·系辞》）

易道与天地运行之理相似，是对自然规律与世界本原的反映，如果能体会易理，就能打开心胸，兼济天下。正如宋代思想家张载所说，"为天地立心，为生民立命，为往圣继绝学，为万世开太平"，这是儒家所崇敬的宽广胸怀与高远之境界。孔子讲天命，重视天命，认为天命是由上天这种神秘的力量所主宰或决定的，强调知天命、畏天命，人应知天、事天、乐天，并具有豁达的器量，顺应天地之道，这样才不会有过错。从易道来说，正是因为"曲成万物而不遗",无所不包,无所不容,才能"乐天知命,故不忧"。

13. 单弦不能发《韶》《夏》之和音,子色不能成衮龙之玮烨,一味不能合伊鼎之甘,独木不能致邓林之茂。玄圃极天,盖由众石之积;南溟浩瀁,实须群流之赴。明镜举则倾冠见矣,羲和照则曲影觉矣,檃括修则枉刺之疾消矣,良友结则辅仁之道弘矣。(《抱朴子外篇·交际》)

单弦发不出《韶》《夏》的和音,一种颜色绣不出衮服上的多彩蛟龙,一种味道调不出伊鼎美味,独木不能成林,高山实由众石之积,大海实需群流之赴,这是宇宙间的自然规律。帽子戴歪了需要照镜子才能看到,在社会生活中,人们需要通过协作、包容、借鉴,努力改正错误,不断弘扬仁德之风,促进自身发展。

14. 夫草有莘有藟,独食之则杀人,合而食之则益寿。万堇不杀。漆淖水淖,合两淖则为蹇,湿之则为干。金柔锡柔,合两柔则为刚,燔之则为淖。(《吕氏春秋·别类》)

自然之道宏大而包容,比如,药草有莘有藟,单独服用会致死,合在一起服用却能益寿延年。几种不同的毒药,配在一起服用反而毒不死人。漆是液体,水也是液体，漆与水相遇却会凝固变硬，越是潮湿就干得越快。铜性柔软，锡性也柔软，把这两种金属熔合在一起，就会得到一种坚硬的合金，用火来烧这种合金，它又会化为液体。由此可知，事物之间的包容性具有十分重要的作用，如果将其强行分开而单独使用，甚至会置人于死地，但如果能接纳彼此，懂得相容之道，则能让人益寿延年。

15. 道之所言者一也，而用之者异。有闻道而好为家者，……有闻道而好定万物者，天下之配也。……万事之生也，异趣而同归，古今一也。（《管子·形势》）

道的本质是一样的，但道的运用却各有不同。世人或闻道而用之持家，或闻道而能安定万物，以道安天下，那就是能经天纬地的大才了。万事万物虽然各有特点，但其中的道理却是相通的，正所谓"异趣而同归"，从古到今都是一样。因此，万物虽然不同，却同归于道，只是使用的人或方法不一样而已。

16. 孙卿子曰："不登高山，不知天之高；不临深溪，不知地之厚也。"大哉坤象，万物资生，载昆华而不坠，倾河海而宁泄。（《晋书·地理志》）

《晋书》引用荀子之语说明博厚能包容、承载万物的道理。大地广阔无边，万物依地而生，大地能够包容高山、河海，使万物并育，繁荣生长。

第二章
同生共荣的民族意识

中华民族是一个多民族大家庭，自古以来各民族长期生活在一起，同根同源、同脉同宗，逐渐形成了同生共荣的民族意识。中华民族在华夏大地上"用夏变夷"，促进思想文化交融，并以中原地区的先进文化影响或推动偏远地区或中原以外地区的进步和发展。在史书之中，少数民族接受中原文化的事例屡见不鲜，吐蕃国王松赞干布"渐慕华风"（《旧唐书》），匈奴单于"不忘恩德，乡慕礼义"（《汉书》）。历朝历代对于所谓"蛮夷"之地采取德化措施的例子也是不胜枚举，包括允许通婚，进行礼乐教化，并授之以汉族先进的文化、技术等，从而使少数民族真正成为中华民族大家庭的一员。在民族融合的过程中，中华文化表现出巨大的包容力：一方面，中原文明积极吸纳各民族文明成果，采取鼓励通商的措施，使"殊方异物，四面而至"（《汉书》），出现"交贸往还，昧旦永日"（《旧唐书》）的景象，从物产、服饰到音乐、歌舞，都相继传入中原。另一方面，中原文明传播四夷，历史上有许多实例，从汉代"条其风俗""移风易俗""统理人伦"（《汉书》），到元世祖"遵用汉法"（《元史》），都体现出各民族在思想文化层面的内在交融，促进了同生共荣民族意识的形成与内化。

第一节　用夏变夷　爱之如一

1. 吾闻用夏变夷者，未闻变于夷者也。陈良，楚产也。悦周公、仲尼之道，北学于中国。北方之学者，未能或之先也。彼所谓豪杰之士也。（《孟子·滕文公上》）

"用夏变夷"出自孟子与陈相的对话，所谓夏，在当时主要是指中原地区，引申为先进的中原文化，而在孟子看来，这主要是以孔子为代表的儒家思想传统。而夷是相对于夏而言，是指中原以外的偏远地区及部族。可以说，"用夏变夷"不仅是指地域层面的交流与影响，而且更是指思想意识、精神文化上的改变。孟子在与陈相的对话中，强调"用夏变夷"的重要性，批判陈相的错误做法，认为他背离了儒家，违背了老师的教导。儒者陈良是陈相的老师，是一个善于学习的儒者，他虽然在楚地土生土长，但因为对周公、仲尼的学说十分仰慕和喜爱，所以不远千里来到中原学习儒家思想文化，所以孟子说，"闻用夏变夷者，未闻变于夷者"。其实，陈良的学问并不是不如北方学者，甚至很多北方学者还比不上他，但他比一般人更懂得应当去学习什么以及如何作出正确选择，因此孟子称赞他是"豪杰之士"。

2. **三十三年，发诸尝逋亡人、赘婿、贾人略取陆梁地，为桂林、象郡、南海，以適遣戍。……三十四年，適治狱吏不直者，筑长城及南越地。（《史记·秦始皇本纪》）**

这是中国历史上移民戍守五岭、与越人杂处的典型史例。陆梁是指此地多处于山陆之中，民风强梁，其地应在岭南，当时生活在这里的主要是越人。秦始皇采取以谪遣戍的办法，进行了一次人口迁徙。裴骃的集解说："徐广曰：'五十万人守五岭。'"由此可知，这次移民应是大规模的。从积极的方面来看，这种人口迁徙在一定程度上有利于消弭越人与汉人之间的生活壁垒，促进民族之间的融合。

3. **汉遣乌孙公主嫁昆弥，念其行道思慕，使工人知音者裁琴、筝、筑、箜篌之属，作马上之乐。今观其**

器，中虚外实，天地之象也；盘圆柄直，阴阳之叙也；柱十有二，配律吕也；四弦，法四时也。以方语目之，故云琵琶，取其易传于外国也。（傅玄《琵琶赋序》）

这是发生在公元前105年汉武帝年间的一段史实。乌孙公主本是江都王刘建的女儿，名细君，被嫁与乌孙国王昆弥为妻。乌孙国地处伊犁河流域，乌孙国王昆弥"愿得尚汉公主"，于是派使节来长安求娶，得到汉武帝的允准。汉武帝将乌孙公主嫁与昆弥，考虑到她远嫁异乡、思念故土之情，下令让人制作适宜于在马上弹奏的乐器，这种乐器就是琵琶。

4. 竟宁元年春正月，匈奴呼韩邪单于来朝。诏曰："匈奴郅支单于背叛礼义，既伏其辜，呼韩邪单于不忘恩德，乡慕礼义，复修朝贺之礼，愿保塞传之无穷，使边垂长无兵革之事。其改元为竟宁，赐单于待诏掖庭王嫱为阏氏。"（《汉书·元帝纪》）

昭君出塞是汉代与匈奴联姻的一个典型事例，是皇室主导下汉人与少数民族通婚的范例，表明汉族与少数民族通婚是被允许的。当时匈奴是中国古代北方的游牧民族，其头领称作单于。竟宁元年（前33），匈奴的呼韩邪单于来汉庭朝贺，他十分仰慕大汉文明，愿意与汉朝长期修好。汉元帝对匈奴单于倍加礼遇，不仅赐以无数的礼物，而且还答应了单于联姻的请求。关于昭君出塞，史料中多有记载：昭君本为后宫良家子，本名王嫱，汉元帝赐字昭君，婚于单于，生一子，此子成为匈奴的右日逐王。这段史实在《汉书》的《元帝纪》与《匈奴传》中都有详细记载，说明这是一个非常重要的历史事件，产生了较大的历史影响。而且据历史学家的分析，汉元帝在位时是汉朝较为强盛的时期，通婚之举并不是为了求和，而是示以友好的情谊，也反映了此时大汉从上至下对于与少数民族通婚这一行为是允许并可以接受的。

5. 凡民函五常之性，而其刚柔缓急，音声不同，系水土之风气，故谓之风；好恶取舍，动静亡常，随君上之情欲，故谓之俗。孔子曰："移风易俗，莫善于乐。"言圣王在上，统理人伦，必移其本，而易其末，……汉承百王之末，国土变改，民人迁徙，成帝时刘向略言其地分，丞相张禹使属颍川朱赣条其风俗，犹未宣究，故辑而论之，终其本末著于篇。（《汉书·地理志》）

各地风俗皆有不同，何谓风俗？因自然条件而形成的秉性，谓之风；由于不同的社会环境、好恶取舍而逐步养成的时尚习性，谓之俗。圣王统理人伦，通过礼乐来移风易俗，促进民族的融合与繁荣。汉成帝时丞相张禹让颍川朱赣将当地的风俗逐条列出，虽然没有全部进行考察，但通过朱赣的记载，就能很好地了解当地的生活习惯。《汉书·地理志》中关于各地域及其风俗习惯的记载，反映出各地民俗的概况和变迁。

6. 巴、蜀、广汉本南夷，秦并以为郡，……及司马相如游宦京师诸侯，以文辞显于世，乡党慕循其迹。后有王褒、严遵、扬雄之徒，文章冠天下。繇文翁倡其教，相如为之师，故孔子曰："有教亡类。"武都地杂氏，羌，及犍为、牂柯、越巂，皆西南外夷，武帝初开置。民俗略与巴、蜀同，而武都近天水，俗颇似焉。故秦地天下三分之一，而人众不过什三，然量其富居什六。吴札观乐，为之歌《秦》，曰："此之谓夏声。夫能夏则大，大之至也，其周旧乎？"（《汉书·地理志》）

《汉书·地理志》中对当时被称为"夷"的地区与被称为"夏"的中原地区的往来情况有许多记载。如讲到南夷，巴、蜀、广汉在当时属于南夷之地，秦朝时就设置了郡县予以管理，后来汉朝的司马相如到了巴蜀之地，对当地民族进行教化。孔子说"有教亡类"，颜师古注云"言人之性术在所教耳，无种类"，也就是指教化不分对象、种类，蛮貊皆可教。氐族和羌族生活的武都以及犍为、牂柯、越巂等地，皆是西南外夷，这些地方的民俗大略与巴蜀之地相似，汉武帝时就已开始设置郡县予以治理。由此可知，中国自古以来就与中原之外其他民族生活的地区有交流往来，而且夷夏之间在生活、文化、政治上都有紧密的联系。正如吴国公子季札观赏《秦风》乐歌时曾说"夫能夏则大，大之至也，其周旧乎？"秦汉时关中之地十分富庶，虽然土地只占天下的三分之一，人口不过占天下的十分之三，但财富却占天下的十分之六。

7. 灵帝好胡服、胡帐、胡床、胡坐、胡饭、胡空侯、胡笛、胡舞，京都贵戚皆竞为之。（《后汉书·五行志》）

汉灵帝作为东汉王朝的一位皇帝，却喜欢胡服、胡帐、胡床、胡坐、胡饭、胡箜篌、胡笛、胡舞，于是上行下效，京都贵戚都竞相模仿。这段史料记载在《后汉书》之中，反映了两汉时期自上而下的文化包容心态，以及民族文化的深入交融状况。

8. 高昌国者，则汉车师前王庭也，去敦煌十三日行。其境东西三百里，南北五百里，四面多大山。昔汉武帝遣兵西讨，师旅顿敝，其中尤困者因住焉。其地有汉时高昌垒，故以为国号。……男子胡服，妇人裙襦，头上作髻。其风俗政令与华夏略同。地多石碛，气候温暖，谷麦再熟，宜蚕，多五果。有草名为羊刺，其上生蜜，而味甚佳。出赤盐如朱，白盐如玉。多蒲陶酒。俗事天神，兼信佛法。（《隋书·高昌传》）

《隋书》中有关于东夷、南蛮、西域、北狄等地的记载，从中可以窥见当时汉族与各族交往融通的大致情况。这段文字记录了当时高昌国的基本概况，涉及当地的水土、物产以及风俗习惯。尽管此地与中原地区有差别，但"其风俗政令与华夏略同"，反映出当地人对中原文化的接纳与学习，以及彼此的交流与融合。

9. 贞观十五年，太宗以文成公主妻之，令礼部尚书、江夏郡王道宗主婚，持节送公主于吐蕃，弄赞率其部兵次柏海，亲迎于河源。见道宗，执子婿之礼甚恭。既而叹大国服饰礼仪之美，俯仰有愧沮之色。及与公主归国……渐慕华风。仍遣酋豪子弟，请入国学以习《诗》《书》。又请中国识文之人典其表疏。（《旧唐书·吐蕃传》）

唐朝的文成公主与吐蕃松赞干布的联姻是民族融合史上的典型范例。文成公主入藏发生在贞观十五年（641），唐太宗将文成公主下嫁吐蕃的国王松赞干布，并派礼部尚书、江夏郡王李道宗持节护送公主到吐蕃。松赞干布率领群臣到柏海（今青海境内）亲自迎接文成公主，执子婿之礼拜见李道宗，行礼十分恭敬，松赞干布迎亲之时还穿上了驸马吉服，以表示汉藏一家。松赞干布对大唐的服饰、礼仪等都十分倾慕，因此派遣贵族子弟到唐朝国学来学习文化，推进吐蕃的进一步汉化。文成公主到拉萨之后与松赞干布一道治理吐蕃，推进大唐先进文化在吐蕃的传播。因此可以说，文成公主与松赞干布为汉、藏之间的民族交流作出了重要贡献，在松赞干布的推动之下，吐蕃之地"渐慕华风"。

10. 弯弯月出挂城头，城头月出照凉州。凉州七里十万家，胡人半解弹琵琶。琵琶一曲肠堪断，风萧萧兮夜漫漫。河西幕中多故人，故人别来三五春。花门楼前

见秋草，岂能贫贱相看老？一生大笑能几回，斗酒相逢须醉倒。（岑参《凉州馆中与诸判官夜集》）

虽然诗人的创作常常是抒情感怀，但文学作品往往是生活的写照，汉唐时期的民族交流与融合状况，在当时的文学作品之中就有所体现与表达。唐朝的著名诗人岑参在这首诗中写到的凉州、胡人、琵琶等语，反映了当时民族融合的一些景象。

11. 皇子阔端镇西凉，儒者皆隶役，智耀谒藩邸，言儒者给复已久，一旦与厮养同役，非便，请除之。皇子从其言。……宪宗即位，智耀入见，言："儒者所学尧、舜、禹、汤、文、武之道，自古有国家者，用之则治，不用则否，养成其材，将以资其用也。宜蠲免徭役以教育之。"帝问："儒家何如巫医？"对曰："儒以纲常治天下，岂方技所得比。"帝曰："善。前此未有以是告朕者。"（《元史·高智耀传》）

元朝是中国古代由蒙古人所建立的王朝，这一时期蒙古族与汉族之间存在诸多的民族矛盾，但据《元史》所记载的史料来看，元朝统治者对汉族的优秀文化并不排斥。《元史》记载，皇子阔端镇守西凉之时，儒生皆要服徭役，大臣高智耀至王府谒见阔端，建议免除儒生徭役。高智耀说，自古以来儒生皆是可免除服役的，如今这样对待他们，是不妥当的，因此请予免除。阔端觉得有道理，接受了他的建议。元宪宗即位之后，高智耀入朝拜见，又奏请皇帝免除儒生徭役。高智耀认为，儒者所学的是尧、舜、禹、汤、文、武治国之道，自古以来君王治国，如果重视儒生，天下就大治，反之则不然，所以要注重培养人才，以备将来之用。宪宗采纳了他的意见，下诏在全国境内免除儒者徭役。这里所说的儒者，实际上代表的是汉族正统文化。儒家思想在中国传统文化中居于主导地位，元朝主政者对高智耀意见的采纳，反映出当时统治者对华夏文化思想的容纳与认同。

12. 世祖在潜邸已闻其贤，及即位，召见，又力言儒术有补治道，反覆辩论，辞累千百。帝异其言，铸印授之，命凡免役儒户，皆从之给公文为左验。时淮、蜀士遭俘虏者，皆没为奴，智耀奏言："以儒为驱，古无有也。陛下方以古道为治，宜除之，以风厉天下。"帝然之，即拜翰林学士，命循行郡县区别之，得数千人。（《元史·高智耀传》）

元世祖忽必烈在即位前就已听说高智耀的贤能之名，于是在即位后召见他。高智耀在皇帝面前极力论证儒家学说对治国的重要性，忽必烈被他的渊博学识所折服，下诏令专铸官印，用以签发免除儒生徭役的公文。高智耀还奏请将淮、蜀一带被俘为奴的儒生予以释放，于是元世祖任命他为翰林学士，命他去巡查郡县，释放儒生，被释放的儒生达数千人。另外，《大元圣政国朝典章》

记载:"成吉思皇帝时,不以是何诸色人等,但种田者俱各出纳地税外,据僧、道、也里可温、答失蛮种田出纳地税,买卖出纳商税,其余差役蠲免有来。"在元代,答失蛮指伊斯兰教的宗教职业者,也里可温指基督教教士。铁木真(尊号"成吉思汗")建立蒙古帝国,是元朝的开国皇帝,从这段史料可知,成吉思汗优待僧、道,在位时期已实行僧户、道户免役制度,僧、道享有纳税优待权利。有学者认为元朝后来实行的儒籍制度,大约是仿效此僧道优待特权之例而制。高智耀与元世祖辩说的"以儒为驱,古无有也",被世祖欣然接受,表明蒙汉文化日渐融通,同生共荣的民族意识已逐渐深入人心。

13. 擢西夏中兴等路提刑按察使。会西北藩王遣使入朝,谓:"本朝旧俗与汉法异,今留汉地,建都邑城郭,仪文制度,遵用汉法,其故何如?"帝求报聘之使以析其问,智耀入见,请行,帝问所答,画一敷对,称旨,即日遣就道。(《元史·高智耀传》)

高智耀是西夏后裔,他积极学习汉文化,推崇汉文化。当高智耀擢升为西夏中兴等路提刑按察使之时,西北藩王遣使入朝,对遵用汉法表示十分不解,于是元世祖派遣高智耀前往解释说明。从这段史料的记载可知,元世祖时期蒙汉文化已有了很深入的融通,虽然"本朝旧俗与汉法异",却"留汉地,建都邑城郭,仪文制度,遵用汉法"，这反映了汉文化在政治、制度、思想上对元朝的影响，以及民族之间深层次的交流与融合。

14. 秋七月……癸亥，初立翰林国史院。王鹗请修辽、金二史，又言："唐太宗置弘文馆，宋太宗设内外学士院。今宜除拜学士院官，作养人才。乞以右丞相史天泽监修国史，左丞相耶律铸、平章政事王文统监修辽、金史，仍采访遗事。"并从之。（《元史·世祖本纪》）

元世祖时期建立了翰林国史院，大臣王鹗奏请修撰辽、金两朝的历史，并且提请按照汉族唐宋时期的旧制来培养与任用人才。他说，唐太宗曾设置了弘文馆，宋太宗设立了内外学士院，应当效仿唐宋时的制度来培养人才。元世祖对他的意见完全予以采纳。可见，元世祖时期，朝廷在很多方面都借鉴和采纳汉族文化，促进了民族的融合与文化的繁荣发展。

第二节　交贸往还　楚材晋用

1. 元年春，公及夫人嬴氏至自王城。……公属百官，赋职任功。弃责薄敛，施舍分寡。救乏振滞，匡困资无。轻关易道，通商宽农。（《国语·晋语·文王修内政纳襄王》）

"轻关易道，通商宽农"出自战国时期左丘明所著的《国语》。据记载，当时正值晋文公携夫人嬴氏从王城前来，他在会见百官之后宣布了一系列减轻关税、便利通商的政策，并且宽免农民劳役，鼓励发展农业。晋文公的这些措施，说明他已意识到开放关卡、促进商贸交易的重要性。

2. 桓公曰："皮干筋角竹箭羽毛齿革不足，为此有道乎？"管子曰："惟曲衡之数为可耳。"桓公曰："行事奈何？"管子对曰："请以令，为诸侯之商贾立客舍，一乘者有食，三乘者有刍菽，五乘者有伍养，天下之商贾归齐若流水。"（《管子·轻重乙》）

管仲与齐桓公曾谈到"天下之商贾归齐若流水"之道，商贸交流可以促进各地物产的交换，通过商品买卖可使商品丰富、经济繁荣。当时齐国缺少皮、骨、筋、角、竹箭、羽毛、象牙和皮革等物品，管仲认为可以向各地发布收购信息，为各诸侯国的商人设置招待客栈，提供膳食与一些便利措施，鼓励商贸交易，那么天下的商人就会像流水一样汇聚到齐国来，这样有利于商品的交易，更重要的是可以使其为己所用，而不是受制于人。春秋战国时期各诸侯国分散各地，管子向齐桓公提出的这个建议在一定程度上促进了中国各民族的商贸往来，以及民族之间的同生共荣，有利于聚融共兴。

3. 故能睹犀布、玳瑁则建珠崖七郡，感枸酱、竹杖则开牂柯、越嶲，闻天马、蒲陶则通大宛、安息。自是之后，明珠、文甲、通犀、翠羽之珍盈于后宫，蒲梢、龙文、鱼目、汗血之马充于黄门，巨象、师子、猛犬、大雀之群食于外囿。殊方异物，四面而至。（《汉书·西域传》）

汉朝经历文景之治休养生息，到汉武帝时期已国力强盛，民族之间交往更加频繁。汉武帝设置珠崖七郡（在今海南境内），牂柯、越巂郡（古牂柯郡属益州，在今贵州境内。越巂郡是中国古代的郡级行政区划之一），打通了大宛、安息，使天下物产汇集，于是远方的奇珍异宝自四面而来。明珠、文甲、通犀、翠羽等宝物充盈后宫，蒲梢、龙文、鱼目、汗血等各种骏马充满了黄门，成群的大象、狮子、猛犬、大雀在外苑之中进食。另据《通典》记载：汉武帝时期张骞出使西域，带回了《摩诃兜勒》一曲，汉武帝把它纳入鼓吹曲。中国自汉代张骞出使西域以来，到东汉魏晋时期，"乐则胡笛、箜篌，御则胡床，食则羌炙、貊炙，器则蛮盘；祠则胡天"，这反映了少数民族与中原地区的频繁交往与融通，民族之间的融合程度也在进一步加深。不仅有少数民族的内迁，物产的流通，而且汉族人也吃少数民族的食物，用少数民族的器物，祭祀胡天神，这说明到东汉魏晋时期已形成了民族的大融合。

4. 处近海，多犀、象、毒冒、珠玑、银、铜、果、布之凑，中国往商贾者多取富焉。番禺，其一都会也。（《汉书·地理志》）

汉武帝之时，南越已完全成为汉朝的郡地，当时汉朝设立了南海、珠崖、交趾、苍梧、郁林、合浦、儋耳、九真、日南等九郡。南越之地临近大海，盛产犀牛、大象、玳瑁、珠玑、银、铜、果、布等物品，中原与当地的贸易往来很频繁。番禺是其中的一个大都会，有很多商人在此进行商品买卖，商贸活动十分活跃。

5. 汉兴，海内为一，开关梁，弛山泽之禁，是以富商大贾周流天下，交易之物莫不通，得其所欲，而徙豪杰诸侯强族于京师。（《史记·货殖列传》）

"开关梁"是指打开关塞和桥梁、渡口，任商贸来往。据《史记》记载，汉朝中兴，海内为一，"天下物所鲜所多"，各地物产皆有本地特色。为了促进商品流通，汉朝采取了宽松的经济政策，于是富商大贾周流天下，交易之物莫不通达，社会呈现一派繁华之景象。

6. 突厥部落大人相率遣使贡马万匹，羊二万口，驼、牛各五百头。寻遣使请缘边置市，与中国贸易，诏许之。（《隋书·突厥传》）

突厥是生活在漠北的少数民族，隋朝时期设置了灵武郡、朔方郡、五原郡、榆林郡等机构，管辖陕西、宁夏及当时蒙古草原的大部分地区。据《隋书》记载，隋文帝开皇八年（588），突厥部落向隋朝进贡马万匹，羊二万口，驼、牛各五百头，并且请求在边境开设市场，与中原进行贸易往来，得到了皇帝的批准。后来当东突厥处罗可汗向隋朝称臣纳贡时，隋炀帝曾对他说："今四海既清，与一家无异，朕皆欲存养，使遂性灵。"唐朝时唐太宗也说："自古皆贵中华，贱夷狄，朕独爱之如一，故其种落皆依朕如父母。"隋炀帝与唐太宗所表达的意思大体一致，只有以四海为一家，爱之如一，才能使天下归心，中华民族本来就"与一家无异"。

7. 且如天下诸津，舟航所聚，旁通巴、汉，前指闽、越，七泽十薮，三江五湖，控引河洛，兼包淮海。弘舸巨舰，千轴万艘，交贸往还，昧旦永日。（《旧唐书·崔融传》）

唐朝时期各地的商贸往来十分繁忙，从这段记述中可以看出，当时各地的港口，船只穿梭不停，商贸往来昼夜不息，呈现出一片繁荣的景象。这与唐朝采取的经济政策有着一定的关系。比如史料记载，唐文宗太和八年（834）曾下令，南海番舶，本因慕化而来，对这些商船要采取优惠措施，使其感悦，除了舶脚、收市、进奉外，任由其往来流通，自由交易，不得增加税率。这些都有利于唐朝经济发展和各地之间的贸易往来。

8. 商胡离别下扬州，忆上西陵故驿楼。为问淮南米贵贱，老夫乘兴欲东游。（杜甫《解闷》）

唐朝时期民族文化的融合在文学作品中也有所体现。杜甫的这首诗是题为《解闷》的十二首组诗之一，其中所说的"商胡"，应是指当时来往于唐朝的胡商。诗中写到"商胡离别下扬州",说明唐代有不少这样的胡商往来于两地之间。其实在唐朝诗人的诗作中常可见到类似记述,比如杜甫《树间》诗"几回沾叶露,乘月坐胡床"中的"胡床",有学者经过研究认为应是小马扎,而且李白诗中"床前明月光,疑是地上霜"的"床"应也就是这种胡床。"胡床"顾名思义应是从胡地传来的,诗人们在诗作中反复吟咏,反映出胡床的使用已成为人们生活的日常习惯。"胡床"虽小,但能以小见大,从中可见民族之间的融合已深入人们的日常生活。

9. 诸互市监各掌诸蕃交易之事……其营州管内蕃马出货,选其少壮者,官为市之。(《唐六典》卷二十二)

唐朝在西北边境设置互市监掌管陆路贸易,隋朝时叫交市监,唐太宗贞观年间改为互市监。据《唐六典》所说,互市监的职责是"掌诸蕃交易之事"。当时互市的商业气氛很浓厚,比如马匹贸易,据史书记载,李正己在营州的贸易市场交易渤海名马,而且年年不断,供给中原所需。

10. 贞观四年,太宗曰:"隋炀帝性好猜防,专信邪道,大忌胡人,乃至谓胡床为交床,胡瓜为黄瓜,筑长城以避胡,终被宇文化及使令狐行达杀之。"(《贞观政要·慎所好》)

从这段记载可知，黄瓜实际上是胡瓜，是从胡地传入中原的。

11. 贞观中，金城坊有人家为胡所劫者，久捕贼不获。时杨纂为雍州长史，判勘京城坊市诸胡，尽禁推问。司法参军尹伊异判之曰："贼出万端，诈伪非一，亦有胡着汉帽，汉着胡帽，亦须汉里兼求，不得胡中直觅。请追禁西市胡，餘请不问。"（《大唐新语·从善》）

贞观年间长安汉人就习惯戴胡帽，胡人也习惯戴汉帽，仅凭帽子无法确定是汉人还是胡人。因此当年官府在查案之时就指出，无法单凭人的衣着打扮去区分汉人或胡人。由此可以看出，大唐时期汉胡之间的融合程度已深入到日常生活，使社会的风俗习惯有所改变。

12. 太常乐尚胡曲，贵人御馔，尽供胡食，士女皆竞衣胡服，故有范阳羯胡之乱，兆于好尚远矣。（《旧唐书·舆服志》）

唐朝开元年间以来，朝廷太常乐喜欢演奏胡曲，贵族的膳食尽供胡食，贵族女子竞相穿着胡服，甚至导致人们认为后来范阳的羯胡之乱，即安禄山等人的叛乱也与胡风的兴盛有关。这也从另一方面说明少数民族的服装、饮食、音乐对中原文化产生了影响。《梦溪笔谈》中也曾经指出："中国衣冠，自北齐以来乃全用胡服。

窄袖、绯绿短衣、长靿靴，有蹀躞带，皆胡服也。"这不仅说明北方少数民族的服饰已极大地影响了社会的流行风尚，还反映了汉文化兼收并蓄的包容性。

13. 又使户奴数十百人习音声，学胡人椎髻，剪彩为舞衣，……又好突厥言及所服，选貌类胡者，被以羊裘，辫发，五人建一落，张毡舍，……设穹庐自居，使诸部敛羊以烹，抽佩刀割肉相啖。（《新唐书·李承乾传》）

唐太宗贞观时期，国力较为强盛，经济繁荣，文化也具有很强的包容性。李承乾是唐太宗的儿子，在他还是太子之时就喜好胡风，曾经命令属下练习胡乐舞，学梳胡人发髻。他喜爱突厥语言、服饰、饮食，还在宫中挑选相貌与胡人相似的属下"五人建一落，张毡舍"，设立突厥人式样的穹庐，自己居住在帐篷里面。这说明当时的皇室成员，甚至是当朝太子，对北方少数民族的服饰、居住方式等，都充满了好奇与欣赏。

14. 秋七月……巴思答儿乞于高丽鸭绿江西立互市，从之。（《元史·世祖本纪》）

元世祖中统二年（1261）七月，巴思答儿请求在高丽鸭绿江西侧建立贸易市场进行商品交易，元世祖对他的这一请求予以同意。

15. 宋辽金疆宇分错,敌国所产,各居其有,物滞而不流,人艰于所匮。于是特重互市之法,和则许之,战则绝之。既以通货,兼用善邻,所立榷场,皆设场官,严厉禁,广屋宇,以易二国之所无。而权其税入,亦有资于国用焉。(《续通典》卷十六《互市》)

宋辽金时期虽然边界争斗不断,但仍设有榷场,重视互市之法,以此来缓解由于彼此冲突而造成的物资匮乏状况。在宋辽金对峙的局面下,互市贸易成为华夷交流的一种重要方式,宋辽金之间都同意以己之所有,"易二国之所无",互通有无,进行贸易往来。

第三节　四夷乐舞　华夷辑睦

1. 四夷间奏，德广所及，《僸》《佅》《兜离》，罔不具集。万乐备，百礼暨……（班固《两都赋》）

《礼记》中所说的"中国戎夷五方之民"，是指中原和边远地区各方的民众，东方曰夷，南方曰蛮，西方曰戎，北方曰狄，一般来说，四夷是东夷、北狄、西戎和南蛮的通称。《僸》《佅》《兜离》，是乐曲名，在这里泛指古代少数民族音乐。"四夷间奏"指各族音乐交替演奏。东汉文学家班固所作的《东都赋》，描述了汉朝举行款待四夷使者的盛大典礼之时的情景，在表演汉朝本土乐舞的过程中，会演奏四夷乐舞，"《僸》《佅》《兜离》，罔不具集"。汉乐府《杂曲歌辞》中也说"胡地多飙风，树木何修修"，民族间的音乐交融由此可见一斑。据记载，至东汉时期，各族音乐在京都已逐渐形成交融之势。中国自古以来重视礼乐教化，音乐不仅是娱乐，更是一种文化，因此对各地音乐的吸收采用，也反映了中华民族文化上的包容心态与胸怀。

2. 援好骑，善别名马，于交阯得骆越铜鼓，乃铸为马式，还上之。（《后汉书·马援传》）

铜鼓在南方诸民族乐器中是常用的一种，《后汉书》注引裴渊《广州记》曰："俚獠铸铜为鼓，鼓唯高大为贵，面阔丈余。初成，悬于庭，克晨置酒，招致同类，来者盈门。豪富子女以金银为大钗，执以叩鼓，叩竟，留遗主人也。"可知此鼓是岭南地区少数民族所铸。在当时所谓的"南蛮"之地，即中国南方，铜鼓的使用区域比较广，遍及云南、贵州、四川、湖南、广东和广西等地，且用途非常广泛，往往用于典礼、娱乐，征战击鼓也常使用铜鼓。而马援得铜鼓之后，"乃铸为马式，还上之"，反映了当时兼收并蓄、包容不弃的民族文化意识。

3. 汉高祖自蜀汉将定三秦，阆中范因率賨人以从帝，……其俗喜舞，高祖乐其猛锐，数观其舞，后使乐人习之。阆中有渝水，因其所居，故名曰《巴渝舞》。

(《晋书·乐志》)

汉高祖平定蜀地之后，范因率领蜀地的少数民族前来归顺，汉高祖封他为侯。蜀地少数民族的习俗是爱跳舞，汉高祖喜欢他们的勇猛精锐，多次观看他们的舞蹈，后来还专门派乐人去学习。这种舞蹈因为当地的渝水河而得名，称作《巴渝舞》。

4. 世祖破赫连昌，获古雅乐，及平凉州，得其伶人、器服，并择而存之。后通西域，又以悦般国鼓舞设于乐署。(《魏书·乐志》)

这里的"古雅乐"指的是胡夏国的古雅乐，实际上还是胡乐。这段史料反映了北魏世祖时期已经"以胡入雅"，这是当时中国北方鲜卑族等少数民族进入中原之后，将胡乐与汉乐进行融合的结果。这段史料还记载了北魏与西域建立往来之后，"又以悦般国鼓舞设于乐署"。悦般国是指北匈奴后裔所建立的王朝，大约在现今新疆的西北部，而乐署是指专门管理雅乐的音乐机构，也就是说，北魏世祖还将西域鼓舞之乐加以吸收，从而为宫廷雅乐的创作提供了新的素材。

5. 太祖辅魏之时，高昌款附，乃得其伎，教习以备飨宴之礼。及天和六年，武帝……娉皇后于北狄，得其所获康国、龟兹等乐，更杂以高昌之旧，并于大司乐

习焉。采用其声,被于钟石,取《周官》制以陈之。(《隋书·音乐志》)

隋唐时期,宫廷宴乐已融入了很多外来音乐的元素。隋朝时期各民族的艺术融合已很深入,太祖杨忠在辅魏之时,得高昌之伎;天和六年(571),武帝聘皇后于北狄,得到康国、龟兹等国的音乐,还有高昌之乐。由此可见,隋朝的宫廷乐舞是四方各地乐舞的大汇集。另据学者研究表明,中国古代文学词之一体所合之音乐就来自隋唐宴乐。而隋唐宴乐,既有中土音乐,也有外来音乐;既是上述二者结合的产物,也是各民族文化艺术兼收并蓄的生动反映。

6. 及大业中,炀帝乃定《清乐》《西凉》《龟兹》《天竺》《康国》《疏勒》《安国》《高丽》《礼毕》,以为《九部》。……《清乐》其始即《清商三调》是也,并汉来旧曲。……《西凉》者,起苻氏之末,吕光、沮渠蒙逊等,据有凉州,变龟兹声为之,号为秦汉伎。魏太武既平河西得之,谓之《西凉乐》。……今曲项琵琶、竖头箜篌之徒,并出自西域,非华夏旧器。(《隋书·音乐志》)

隋炀帝大业年间的《九部》乐大都是由异族音声与中土音乐融合而成。这段关于《清乐》与《西凉乐》的由来与组成情况的史料,只是隋朝宫廷音乐兼收并包的一个文化缩影,其实隋朝宫廷的乐舞,交汇了多种民族乐章，可谓百花齐放，是多元民族音乐聚合与交织的见证。

7. 竖箜篌，胡乐也。汉灵帝好之。体曲而长，二十二弦，竖抱于怀中，用两手齐奏，俗谓之擘箜篌。（杜佑《通典》卷一百四十四）

这是关于竖箜篌这种乐器的一段记载。从这段历史资料可以得知，竖箜篌是一种胡乐器，据说是汉朝时从西域传入中原的。这种乐器传入中原之后，得到汉灵帝的喜爱。竖箜篌的形状曲而长，有二十二根弦，由演奏者竖抱于怀中用双手弹奏。

8. 筚篥，本名悲篥，出于胡中，其声悲。（杜佑《通典》卷一百四十四）

这是关于筚篥这种乐器的一段记载。从这段历史资料可以得知，筚篥本名悲篥，是一种来自胡地的吹奏乐器。杜佑注云："或云，儒者相传，胡人吹角以惊马。后乃以笳为首，竹为管。"可知起初用于牧马，后来还用于军乐和民间音乐。刚开始筚篥用牛骨、羊骨等制成，声音凄厉悲伤，后来入乡随俗"以笳为首，竹为管"，所以又称作管子。唐朝时筚篥是演奏宫廷十部乐中的主要乐器，到宋明时期，筚篥仍然是宫廷乐舞的重要演奏乐器，不过这时改成了以乌木制作。

9.《高昌乐》者，西魏与高昌通，始有高昌伎。隋文帝开皇六年，高昌献《圣明乐曲》，帝令知音者于官所听之，归而肄习，及客献，先于前奏之，胡夷大惊。大唐平高昌，尽收其乐，又进《宴乐》，而去《礼毕曲》。今著令者，唯十部。（杜佑《通典》卷一百四十六）

隋唐时期宫廷乐舞呈现出开放包容的格局与状态。从隋朝到唐朝，夷乐不断融入汉乐之中。隋文帝开皇六年（586），高昌向朝廷献上《圣明乐曲》，皇帝当即令人演习并在宫廷进行表演。后来大唐在平定高昌、得到高昌乐之后，又将高昌乐收进《宴乐》之中，成为唐朝宫廷十部乐之一。宴乐又称燕乐，是中国隋唐至宋代宫廷宴饮时表演的艺术性很强的歌舞音乐。宋代沈括在《梦溪笔谈》中曾说："以先王之乐为雅乐，前世新声为清乐，合胡部者为宴乐。"由此可知，隋唐燕乐是一种融合了多种元素的宫廷新音乐，它既继承了汉乐府音乐的旧制，又吸收了夷乐元素。在大唐贞观年间，每逢大宴会，朝廷必定会以十部乐来款待四夷宾客。其实唐代的音乐之中有许多来自异域或边地的舞乐，在唐朝统治者"以备华夷"的观念指导之下，唐朝乐舞呈现出包容开放的状态，使华乐与夷乐多元唱响于中华大地。

10. 孝孙又奏：陈、梁旧乐，杂用吴、楚之音；周、齐旧乐，多涉胡戎之伎。于是斟酌南北，考以古音，

作为大唐雅乐。(《旧唐书·音乐志》)

大唐雅乐的修订者祖孝孙的这段话，说明大唐雅乐大量地吸收了各族以及各地的乐舞文化，反映出中华礼乐文化多元汇聚、包容开放的特点。

11. 周、隋与北齐、陈接壤，故歌舞杂有四方之乐。至唐，东夷乐有高丽、百济，北狄有鲜卑、吐谷浑、部落稽，南蛮有扶南、天竺、南诏、骠国，西戎有高昌、龟兹、疏勒、康国、安国，凡十四国之乐，而八国之伎，列于十部乐。(《新唐书·礼乐志》)

隋炀帝大业年间的九部乐，到唐朝时期演变为十部乐。东夷、北狄、南蛮、西戎等地音乐，也进入唐朝宫廷，列于十部乐之中。隋唐时期异域音乐传入，一时之间风靡朝野，正如《新唐书·礼乐志》中所记载："周、隋管弦杂曲数百，皆西凉乐也。鼓舞曲，皆龟兹乐也。唯琴工犹传楚、汉旧声及《清调》。"从这些史料可知，隋唐时期的中华礼乐文化丰富多样，是各族乐舞汇聚与交融的结果。

12. 自从胡骑起烟尘，毛毳腥膻满咸洛。女为胡妇学胡妆，伎进胡音务胡乐。火凤声沉多咽绝，春莺啭罢长萧索。胡音胡骑与胡妆，五十年来竞纷泊。(元稹《法曲》)

《法曲》是歌舞大曲的组成部分，是隋唐宫廷宴乐中的一种形式。元稹的这首《法曲》反映出当时长安、洛阳等地人们的一种生活风尚，说明胡乐、胡服、胡妆等在当时非常流行。

13. 《霓裳羽衣曲》，说者多异，予断之曰："西凉创作，明皇润色，又为易美名。其他饰以神怪者，皆不足信也。"（王灼《碧鸡漫志》）

王灼在对唐代《霓裳羽衣曲》的考订中认为，它本是来自西凉，但经过唐玄宗的润色与改名，才成为流传至今的名曲。那些关于鬼怪神仙的传说，都是不可信的。由此可知，据传由唐玄宗创作、杨贵妃在宫廷中以舞蹈表演的名曲《霓裳羽衣曲》，实际上来自西凉。这从另一个侧面也反映出唐朝对异域乐舞的接纳与兼收并蓄。

14. 胡琴，制如火不思，卷颈，龙首，二弦，用弓捩之，弓之弦以马尾。（《元史·礼乐志》）

胡琴是古代拉弦乐器，顾名思义是来自胡地，即从西北或北部少数民族地区传来。沈括在《梦溪笔谈》中记载了他为边塞战士创作的凯歌："马尾胡琴随汉车，曲声犹自怨单于。弯弓莫射云中雁，归雁如今不寄书。"这说明在当时胡琴已是军旅之中的演奏乐器。一般来说，胡琴泛指琵琶、五弦、箜篌等拨、擦弦乐器，其演奏方式是"用弓捩之"，"捩"的本意是扭转。总之，胡琴虽出自胡地，但已"随汉车"融入了中华音乐及文化之中。

第三章
多元汇聚的共同文化

中华文化丰富多彩,是由异彩纷呈的多元文化汇聚而成的强大文明,具有极强的包容性。中华文化呈现出多元性与包容性,尤其体现为各宗教信仰的多元并存,中国历史上佛教、道教、伊斯兰教、基督教等宗教多元汇聚,在传统文化中并不相斥,而是相容共存。在中国史籍中既有关于祭祀诸神的记载,如"《虞书》曰:……遂类于上帝,禋于六宗,望秩于山川,遍于群神"(《汉书》),也有关于大兴孔庙的记述。宗教在多元并存的同时,又与中国传统文化相容互补,佛教等外来的宗教,在与本土文化的冲突中,逐渐完成了中国化的过程。宗密在《原人论序》中,指出佛教与儒、道的相容合流关系，即"设教殊途，内外相资，共利群庶"，王阳明说"儒、佛、老、庄皆吾之用，是之谓大道"（《王阳明全集》），虽然儒、道、释三家各有主张，却形成了功能互补的理论互容，"所谓不知《春秋》，不能涉世；不精老、庄，不能忘世；不参禅，不能出世"（《憨山大师梦游全集》）。在中国传统文化中，儒、道、释三家共同支撑起中国人的精神家园，入世或出世、有为或无为、有争或无争等对立，恰恰是人生智慧的不同体悟，从不同的角度将人生的安身立命问题进行了均衡的布局，共同构建起进退有序、张弛有度、出入从容的精神安顿方式。

第一节　兴建孔庙　祭祀诸神

1. 汉家常以正月上辛祠太一甘泉，以昏时夜祠，到明而终。常有流星经于祠坛上。使僮男僮女七十人俱歌。春歌《青阳》，夏歌《朱明》，秋歌《西暤》，冬歌《玄冥》。世多有，故不论。（《史记·乐书》）

汉朝常于正月上旬的辛日，在甘泉宫附近举行祭祀太一尊神的郊祀礼。夜祀从黄昏开始，至天明结束，常可看到流星从祭坛上飞过。祭祀时，由七十名童男童女一起歌唱。郊祀太一祭典上歌唱的内容选自《郊祀歌》，主要是以《青阳》为春的颂歌，以《朱明》为夏的颂歌，以《西暤》为秋的颂歌，以《玄冥》为冬的颂歌。这些颂歌不只用于郊祀，在民间也广为流传。

2. 《洪范》八政，三曰祀。祀者，所以昭孝事祖，通神明也。旁及四夷，莫不修之；下至禽兽，豺獭有祭。是以圣王为之典礼。……自共工氏霸九州，其子曰句龙，能平水土，死为社祠。有烈山氏王天下，其子曰柱，能殖百谷，死为稷祠。故郊祀社稷，所从来尚矣。《虞书》曰，舜在璇玑玉衡，以齐七政。遂类于上帝，禋于六宗，望秩于山川，遍于群神。（《汉书·郊祀志》）

《洪范》八政，第三种叫祭祀官。祭祀，用来表明孝心，侍奉祖先，从而通达神明，周边的少数民族也没有不进行祭祀的，历代君王都为祭祀制定了详细的典礼仪式规范。自从共工氏称霸九州后，他的儿子句龙，能够平定水土，死后就被当作土地神祭祀。烈山氏称王天下后，他的儿子柱，能够繁殖百谷，死后就被当作谷神祭祀。所以中国从上古之时就已经开始在郊外祭祀土地神和谷神了。据《虞书》上说，舜之时就已类祭上天，禋祭日、月、星辰、泰山、河、海等六宗，远望而祭山川，遍祭群神。

3. 桓帝即位十八年，好神仙事。延熹八年，初使中常侍之陈国苦县祠老子。九年，亲祠老子于濯龙。文罽为坛，饰淳金扣器，设华盖之坐，用郊天乐也。（《后汉书·祭祀志》）

汉桓帝喜好道教神仙之事。延熹八年（165），曾派遣中常侍到陈国苦县祭祀老子。延熹九年（166），亲自祠老子于濯龙园。其实，皇帝祭祀老子或其他天神者，代代有之。不仅汉桓帝好神仙事、祭祀老子，唐高祖李渊还奉老子为祖先，其后代更是诏令天下建玄元皇帝祠、紫极宫等。宋朝的徽宗皇帝曾自称为教主道君皇帝，并敕令天下建神霄宫。

4. **世传明帝梦见金人，长大，顶有光明，以问群臣。或曰："西方有神，名曰佛，其形长丈六尺而黄金色。"帝于是遣使天竺问佛道法，遂于中国图画形像焉。楚王英始信其术，中国因此颇有奉其道者。后桓帝好神，数祀浮图、老子，百姓稍有奉者，后遂转盛。**（《后汉书·西域传》）

据传东汉明帝刘庄曾梦见一个金人，身材高大，头顶放光，就向大臣们询问是怎么回事。有人告诉明帝，西方有神，名叫佛，高一丈六尺，而且是金黄色的。皇帝信以为真，于是派使者到天竺求佛法，自此佛教传入中国，楚王刘英也信奉佛教。在皇室贵族的推动之下，佛教得到广泛传播。之后汉桓帝好神仙之道，多次祭祀佛陀和老子，老百姓也随之效仿。这些帝王与皇室贵族尊崇佛法的故事，在中国历史上多有记述。

5. **峤恭谨好学，有儒者之风。又勤于政理，循循善诱。及在学司，时人以为称职。奏修先圣庙及讲堂，**

因建碑前庭，以纪崇儒之事。（《旧唐书·阳峤传》）

唐朝时的名儒阳峤，恭谨好学，有儒者的风度。他又勤于为政之道，循循善诱，在学司时，世人都认为他的才能卓越，能胜任其职。他还奏请修建了先圣庙及讲堂，在前庭建立了一块石碑，用以记载并宣扬推崇儒学的事迹。

6. 韦叔夏，尚书左仆射安石兄也。……则天将拜洛及享明堂，皆别受制，共当时大儒祝钦明、郭山恽撰定仪注。凡所立议，众咸推服之。（《旧唐书·韦叔夏传》）

据记载，武则天准备拜祭洛水以及在明堂举行祭祀大典时，曾诏命韦叔夏与当时的大儒祝钦明、郭山恽一同修撰、制定礼仪制度。

7. 明年，有事于南郊，有司立议，唯祭昊天上帝，而不设皇地祇之位。曾奏议"请于南郊方丘，设皇地祇及从祀等坐，则礼惟稽古，义得缘情。"睿宗令宰相及礼官详议，竟依曾所奏。（《旧唐书·贾曾传》）

睿宗准备到南郊进行祭祀，主管祭祀的官员提出，只祭祀昊天上帝，而不设地神的祭祀之位。贾曾予以反对，他对皇帝进言说，需在南郊的祭地之坛方丘，设立地神及陪祭之神的灵位，礼仪同于古代，才能顺乎礼义。睿宗命令宰相及礼官详加商议，最后采纳了贾曾的建议。

8. 高宗在东宫，为文德太后追福，造慈恩寺及翻经院，内出大幡，敕《九部乐》及京城诸寺幡盖众伎，送玄奘及所翻经像、诸高僧等入住慈恩寺。（《旧唐书·玄奘传》）

唐高宗还是东宫太子之时，建造了慈恩寺和翻经院，为已故的文德太后长孙氏祈福，皇宫内挂出大旗，并诏令表演《九部乐》的歌舞乐队以及京城各寺院的旗盖仪仗，一起欢迎玄奘和他所翻译、绘制的佛经、佛像，以及诸高僧，入住慈恩寺。

9. 汉魏以来，请僧设供，同于祠祀，起坐威仪，略无规矩。至晋朝，安法师始依经律，作赴请、礼赞等仪，立为三例：一行香定座上讲，二六时礼忏，三布萨等法。（志磐《佛祖统纪》）

佛教传入中国之初，并没有统一的佛事仪规，《佛祖统纪》中说，汉魏以来，请僧设供，同于祠祀，到了晋朝，才开始逐渐制定普遍的佛教仪规。由此可知，佛教传入中国后，请僧设供仪式最初与一般的祭祀并没有本质区分。

10. 武德四年，置祆祠及官，常有群胡奉事，取火咒诅。（杜佑《通典》卷四十）

这段话是"萨宝府祆正"的注文。祆祠或称胡祠、胡祆祠，后泛指西方传入的宗教。据记载，武德四年（621），唐朝就设置了祆祠及其官员。据传祆祠在西京（今陕西西安）、东京（今河南洛阳）各有四所，凉州（今甘肃武威）亦有祆神祠。

11. 淳祐元年正月，上视学，手诏以周、张、二程及熹从祀孔子庙。（《宋史·朱熹传》）

宋淳祐元年（1241）正月，理宗视察太学，并亲自书写诏书，诏令周敦颐、张载、程颢、程颐以及朱熹等人配享孔庙，这些人在孔子庙中将共同得到祭祀。

12. 时太祖问侍臣曰："受命之君，当事天敬神。有大功德者，朕欲祀之，何先？"皆以佛对。太祖曰："佛非中国教。"倍曰："孔子大圣，万世所尊，宜先。"太祖大悦，即建孔子庙，诏皇太子春秋释奠。（《辽史·义宗传》）

《辽史》中记载了义宗耶律倍的一个故事：义宗是辽太祖长子，神册元年（916）春天，他被立为皇太子。有一次辽太祖问大家，受天命的君王应当事天敬神，但如果要祭祀那些有大功德的人，应当首先祭祀谁？大臣们大都回答说，应该先祭祀佛祖。太祖听了后却不以为然，他认为佛教并不是中国本土的宗教，所以不应当优先。这时耶律倍发表了他的意见，他认为，孔子是大圣人，为万代所尊敬，所以应先祭祀孔子。太祖听了之后非常高兴，当即下令建造孔子庙，并诏令皇太子每年在春秋两季主持祭祀孔子的释奠之礼。

13. （明昌三年十月）壬子，有司奏增修曲阜宣圣庙毕，敕"党怀英撰碑文；朕将亲行释奠之礼，其检讨典故以闻"。……（五年闰十月）戊寅，上问辅臣："孔子庙诸处何如？"平章政事守贞曰："诸县见议建立。"……（六年）夏四月癸亥，敕有司，以增修曲阜宣圣庙工毕，赐衍圣公以下三献法服及登歌乐一部……（八月）己巳，以温敦伯英言，命礼部令学官讲经。（《金史·章宗本纪》）

金章宗于明昌元年（1190）下诏修曲阜孔子庙，至明昌三年（1192），有司回奏已经增修曲阜宣圣庙完毕，于是章宗敕令党怀英撰写碑文，并且将亲自举行释奠之礼。到明昌六年（1195），章宗又敕令有司，赐予衍圣公府（即孔府，衍圣公是对孔子后人的封号）祭祀孔子典礼的三献法服及登歌乐章，派遣乐工教习孔氏子弟，以备祭礼之用。由此可见章宗对祭祀孔子的重视。

14. 秋七月……乙丑，遣使持香币祀岳渎。……己丑，命炼师王道妇于真定筑道观，赐名玉华。……八月……丁酉，命开平守臣释奠于宣圣庙。(《元史·世祖本纪》)

中统二年（1261）七月初五，元世祖派遣使者携带香烛和币帛祭祀山川。二十九日，命令道士王道妇在真定修建道观，赐名为玉华观。八月初七，世祖又命令开平的守官在宣圣孔庙祭奠先师孔子。由此可知，世祖在七、八月间接连发布三道不同的诏令：祭祀山川，修建道观，祭奠先师孔子，在这么短的时间祭祀不同的对象，看起来不可思议，但在中国历史上它们并不相斥，在当时国家的政令当中，不同的祭祀是可以并存而相容的。

15. 夏四月甲子，新筑宫城。辛未，遣使祀岳渎。五月丁亥朔，日有食之。敕上都重建孔子庙。(《元史·世祖本纪》)

元世祖多次派遣使臣祭祀五岳、四渎。五岳，是指泰山、华山、嵩山、恒山和衡山。四渎，一般是指长江、黄河、淮河、济水。五月初一，发生日食。元世祖又再次敕命上都重新修建孔子庙。

16. 六月……己巳，以孔子五十三世孙曲阜县尹孔

治兼权主祀事。……庚午，敕西京僧、道、也里可温、答失蛮等有室家者，与民一体输赋。（《元史·世祖本纪》）

元世祖任命孔子五十三世孙、曲阜县尹孔治主持祭孔事务。还敕令西京僧侣、道士、天主教士、伊斯兰教士等，凡是有家室的，和百姓们同样地交纳赋税。

17. 十四年春……赐嗣汉天师张宗演演道灵应冲和真人，领江南诸路道教。……命嗣汉天师张宗演修周天醮于长春宫，宗演还江南，以其弟子张留孙留京师。二月……癸亥，彗星出东北，长四尺余。甲子，遣使代祀岳渎后土。……戊辰，祀先农东郊。……冬十月丙辰朔，日有食之。己未，享于太庙。（《元史·世祖本纪》）

至元十四年（1277），元世祖赐予嗣汉天师张宗演"演道灵应冲和真人"的称号，管辖江南各路的道教，又命张宗演在长春宫建立周天大醮。张宗演返回江南之时，把他的弟子张留孙留在了京师。二月初四，彗星在东北方向出现，有四尺多长。初五，世祖派遣使臣代表皇帝祭祀五岳、四渎和土地大神。初九，在东郊祭祀农神。冬季，十月初一，发生日食。初四，向太庙奉献祭品。

18. 大西洋奉耶稣教者利玛窦，自欧罗巴国航海九万里入中国，神宗命给廪，赐第此邸。邸左建天主

堂，……供耶稣像其上，……右圣母堂，母貌少女，手一儿，耶稣也。（刘侗、于奕正《帝京景物略》）

《帝京景物略》"天主堂"条记载，天主堂位于宣武门内东城边，耶稣教士利玛窦从欧洲航海九万里来到中国，带来了耶稣像、万国图、自鸣钟、铁丝琴等，利玛窦到中国之后，"袭衣冠，译语言，躬揖拜，皆习"，被尊称为"西儒"，死后"诏以陪臣礼"葬入北京西郊。刘侗、于奕正不仅介绍了利玛窦及晚明的耶稣会士群体，以及他们带来的西洋物品、西学知识，甚至还简述了耶稣及天主教的教义。

19. 圣师之祭，始于世宗。奉皇师伏羲氏、神农氏、轩辕氏，帝师陶唐氏、有虞氏，……左先圣周公，右先师孔子，东西向。每岁春秋开讲前一日，皇帝服皮弁，拜跪，行释奠礼。……初，东室有释像，帝以其不经，撤之，乃祀先圣先师。……其后常遣官代祭。（《明史·礼志》）

对圣师的祭祀，是从明世宗时期开始的。明世宗信奉道教，于是创设圣师之祭。供奉皇师伏羲氏、神农氏、轩辕氏，帝师陶唐氏、有虞氏，王师夏禹王、商汤王、周文王、周武王，九圣面向南。左面是先圣周公，右面是先师孔子，呈东西向。每年春秋开讲前一日，皇帝戴着皮弁，行跪拜之礼，举行奠祭先圣先师的礼仪。在文华殿东屋用羹酒、果脯、币帛祭祀。当初，文华殿东室供有释迦牟尼像，后来才被撤掉。之后皇帝还常派遣官员代祭先圣周公和先师孔子。

20. 汉晋及隋或称先师，或称先圣、宣尼、宣父。唐谥文宣王，宋加至圣号，元复加号大成。明太祖入江淮府，首谒孔子庙。洪武元年二月，诏以太牢祀孔子于国学，仍遣使诣曲阜致祭。临行谕曰："仲尼之道，广大悠久，与天地并。有天下者莫不虔修祀事。……"又定制，每岁仲春、秋上丁，皇帝降香，遣官祀于国学。（《明史·礼志》）

东汉永平十五年（72），明帝曾亲赴曲阜，以太牢祭祀先圣周公、先师孔子及七十二弟子，并亲临讲堂，命太子、诸王说经，这是祭孔有配享的开始。在汉晋及隋朝时，对孔子或称先师，或称先圣、宣尼、宣父，唐朝时加谥号文宣王，宋代加至圣号，元代又加号大成。明太祖到江淮府之后，首先就拜谒孔子庙。明洪武元年（1368）二月，明太祖下诏在国学内以太牢祭祀孔子，还派遣使者到曲阜致祭。他还说，孔子的道义，广大悠久，与天地并存，所以统治天下的人都要恭敬地祭祀。后来又规定在每年仲春、仲秋的上丁日，由皇帝降香，并派官员在国子学祭祀。

第二节　设教殊途　内外相资

1. 英少时好游侠，交通宾客，晚节更喜黄老，学为浮屠斋戒祭祀。……有司奏英招聚奸猾，造作图谶，擅相官秩，……请诛之。（《后汉书·楚王刘英传》）

由于佛教一开始是通过官方的渠道传入中国的，所以佛教在传入的初期，主要的传播范围只是在上层社会，而且是作为一种方术被人接受的。据史书记载，汉桓帝刘志是中国历史上第一个信奉佛教的皇帝，而楚王刘英，便是中国历史上第一个信仰佛教的皇家贵族。《后汉书》记载了刘英"学为浮屠斋戒祭祀"的史实，而他之所以信奉佛陀，也不过是将佛陀当作一种神祇而向它祈求福佑。但刘英最后未得善终，有司奏报他有招聚奸猾、造作图谶、擅相官秩等大逆不道之罪，请求将他诛杀。最终刘英被废，贬至丹阳，后自杀。正所谓贪欲惹祸、无求无灾，这在佛教中始终是警醒世人的教义。楚王刘英作为中国历史上第一个信奉佛教的皇亲贵胄，即使把佛作为神祇来进行祭祀，也最终未能得到佛的保佑，难以逃脱灾难厄运。

2. 笮融者，丹杨人，初聚众数百，往依徐州牧陶谦。谦使督广陵、彭城运漕，遂放纵擅杀，坐断三郡委输以自入。乃大起浮图祠，以铜为人，黄金涂身，衣以锦采，垂铜槃九重，下为重楼阁道，可容三千余人，悉课读佛经，令界内及旁郡人有好佛者听受道，复其他役以招致之，由此远近前后至者五千余人户。（《三国志·刘繇传》）

这是史书中关于"笮融事佛"的记载，笮融立佛寺使好佛者听受其道，从中已经可以看到事佛在上层的推动下所引起的民间响应。不过笮融仍是一个祈求神佛福佑而不能依教义约束自己行为的人，因此最后也不得善终，被人所杀。在汉桓帝刘志、楚王刘英、"官僚居士"笮融等的亲身事佛和率先垂范下，佛教传播得到极大的推动，并逐渐中国化。

3. 及开西域，遣张骞使大夏还，传其旁有身毒国，

一名天竺，始闻有浮屠之教。哀帝元寿元年，博士弟子秦景宪受大月氏王使伊存口授浮屠经。（《魏书·释老志》）

自汉代张骞通西域之后，人们才开始听说在天竺有浮屠之教，即佛教。据史料记载，汉哀帝元寿元年（前2），当时的博士弟子秦景宪受大月氏王使伊存口授浮屠经，这应是佛教传入中土的开始。虽然当时没有引起足够的注意，佛教没能传播开来，但佛教毕竟是传入中原了。

4. 唯肃祖明皇帝，实天降德，始钦斯道，手画如来之容，口味三昧之旨，戒行峻于岩隐，玄祖畅乎无生。（习凿齿《与释道安书》）

东晋时期的习凿齿既精通佛学，又喜好玄学，在与高僧释道安的信中，赞扬了晋明帝倡兴佛教的行为。他指出，在晋明帝的推动之下，佛法得到了大力弘扬。另据史料记载，晋明帝不仅信奉佛法，喜欢描画如来佛的容貌，而且对老子的无生大道也深有领悟。

5. 然孔、老、释迦，皆是至圣，随时应物，设教殊途，内外相资，共利群庶。策勤万行，明因果始终；推究万法，彰生起本末。……策万行，惩恶劝善，同归于治，则三教皆可遵行。（宗密《原人论序》）

华严宗的代表人物宗密认为，习儒、道者与习佛法者虽有不同，但孔子、老子、释迦，都是大圣人，这很显然将儒、道、佛视作能相资共利的同源一体，对儒、道、佛思想予以了高度的肯定与认同，而这种认同也是基于它们三者之间的精神会通。在宗密看来，"至圣"代表着一种理想的道德人格，因此，如果利于众生，鼓励修行，惩恶扬善，同归于治，那么三教皆可遵行。实际上儒、道、佛三家无一不主张善行，反对恶行，认为作恶之人鬼神得而诛之，天道佑善，人们在日常生活中应注意自己的言行，积累善行，善行应有善报。这种崇德扬善思想是中国传统文化的核心，同时也是民族文化之精髓，无论是哪个学派、哪种观点，如果脱离了这种伦理价值取向，必然会失去存在和发展的基础。

6. 往游西域。……贞观十九年，归至京师。太宗见之，大悦，与之谈论。于是诏将梵本六百五十七部于弘福寺翻译，乃敕右仆射房玄龄、太子左庶子许敬宗，广召硕学沙门五十余人，相助整比。（《旧唐书·玄奘传》）

玄奘游历西域十七年，于贞观十九年（645）回到京城长安。唐太宗召见了玄奘，并下诏把六百五十七部梵文佛经放置在弘福寺，让玄奘进行翻译，又令右仆射房玄龄、太子左庶子许敬宗以及征聘的学识渊博的和尚五十多人，一起帮助玄奘进行佛经的整理与考校。

7. 齐吏部尚书辛术召署员外郎，赵郡王叡举德行，皆称疾不就。……隋有天下，毕志不仕。……尝集士谦所，盛馔盈前，而先为设黍，谓群从曰："孔子称黍为五谷之长，荀卿亦云食先黍稷，古人所尚，容可违乎？"少长肃然，不敢弛惰，退而相谓曰："既见君子，方觉吾徒之不德也。"（《隋书·李士谦传》）

李士谦是北魏至隋朝时期的处士，立志不出仕。齐吏部尚书辛术、赵郡王高叡举荐他当官，他都借口有病而不接受。隋文帝夺取天下后，他矢志终身不为官。李家是当地的豪门望族，每到春秋社祭日，必定大宴宾客。有一次李士谦在住所宴客，大家面前摆满了丰盛的食物，李士谦却先为大家摆上黍米，对众人说，孔子称黍米为五谷之长，荀卿也说吃东西先吃黍米、稷米，古人所尚，不能违背。他一说完，众人都肃然，之后都称赞他是品德高尚的君子。

8. 贞元十二年四月，德宗诞日，御麟德殿，召给事中徐岱、兵部郎中赵需、礼部郎中许孟容与渠牟及道士万参成、沙门谭延等十二人，讲论儒、道、释三教。（《旧唐书·韦渠牟传》）

韦渠牟初为道士，又为僧，后还俗。唐朝贞元十二年（796），德宗诞辰之日，召集给事中徐岱、兵部郎中赵需、礼部郎中许孟容与韦渠牟及道士万参成、沙门谭延等十二人，讲谈论议儒、道、佛三教。

9. 安石曰："……臣观佛书，乃与经合，盖理如此，则虽相去远，其合犹符节也。"上曰："佛，西域人，言语即异，道理何缘异？"安石曰："臣愚以为苟合于理，虽鬼神异趣，要无以易。"上曰："诚如此。"（李焘《续资治通鉴长编》）

王安石认为儒、佛思想是可以会通的。王安石与宋神宗讨论佛学时说，佛经中的思想与儒学相合，所以虽然佛陀是西域人，言语不同，但从经义之理来看，却可以相通。王安石以这种儒、佛会通的角度对佛教思想进行解释，使他的哲学思想呈现融通的特点。

10. 大抵禅道惟在妙悟，诗道亦在妙悟。（严羽《沧浪诗话》）

严羽在论及诗道时提出了"以禅喻诗"的理论，认为诗道与禅道一样，都在于"妙悟"，在他看来，"论诗如论禅"，于是提倡"以禅喻诗"。既然诗道与禅道一样重在妙悟，那么就要取真经，达上乘功法，正如他在《沧浪诗话·诗辩》中所说："学者须从最上乘，具正法眼，悟第一义。若小乘禅，声闻、辟支果，皆非正也。"

11. 仁宗天性慈孝，聪明恭俭，通达儒术，妙悟释典，尝曰："明心见性，佛教为深；修身治国，儒道为切。"（《元史·仁宗本纪》）

元仁宗通达儒术，对儒学甚为推崇，同时他对佛教的作用也予以认可。在他看来，儒学之道重在修身、齐家、治国、平天下，对于修身治国之道，显然儒学要优于佛教，不过对于人们明心见性，驱除执迷之惑，佛理又更为深奥。

12. 盖有见于无思无为，退藏于密，寂然不动者，中国之老、庄，西域之佛也。既以此为教于天下而传后世，故为其徒者，多宽平而不忮，质静而无求。不忮似仁，无求似义。（王安石《涟水军淳化院经藏记》）

王安石主张佛、道的会通，认为"无思无为"和"退藏于密，寂然不动"都强调一种超越世俗纷扰、回归自然与本真的状态。道家主张"无为而治"，认为世间万物应顺应自然之道，不能强行干预；佛教则倡导"禅定"，通过内心的平静与专注，明心见性。这两种思想都强调内心的平静与超越，是对人生本质的一种深入洞察。"宽平而不忮，质静而无求"阐述了这些哲学思想对信徒品性的要求。由于道家和佛教都强调内心的平静与超越，因此其信徒往往表现出宽容、平和的品性，不易产生嫉妒和争斗之心；同时，他们也倾向于保持质朴、宁静的生活态度，不追求过多的物质享受。这种品性特质，可以说是道家思想和佛教思想的一种具体体现。儒家强调仁爱、正义等道德品质，而道家和佛教信徒所表现出的宽容、平和、质朴、无求等品性，与儒家的"仁"和"义"有着异曲同工之妙,正所谓"不忮似仁,无求似义"。这进一步将佛、道思想与儒家思想中的"仁"和"义"相联系,这种联系不仅展示了不同哲学思想之间的共通之处,也体现了中华文化内在的包容与融通。

13. 僧、道录司掌天下僧道。在外府州县有僧纲、道纪等司,分掌其事,俱选精通经典、戒行端洁者为之。神乐观掌乐舞,以备大祀天地、神祇及宗庙、社稷之祭,……十五年始置僧录司、道录司。僧凡三等,曰禅,曰讲,曰教。道凡二等:曰全真、曰正一。设官不给俸,隶礼部。(《明史·职官志》)

明朝时设置了僧、道录司对天下僧道进行管理。在地方府州县还设有僧纲、道纪等司,各负其责,人员全都要经过选拔,挑选精通经典、戒行端正高洁的人担任。另外还有神乐观掌管乐舞,以备大规模祭祀天地、神祇及宗庙、社稷的祭典之用。明洪武十五年(1382),开始设置僧录司、道录司。将僧人分为三等:一是禅,二是讲,三是教。道士分为二等:一是全真,二是正一。这两个机构设置了官职,但不给予俸禄,隶属于礼部。

14. 释氏戒律之书,与周、孔、荀、孟迹异而道同,大指劝人之善,禁人之恶,不杀则仁矣,不盗则廉

矣，不惑则信矣，不妄则正矣，不醉则庄矣。（赵恒《崇释论》）

宋真宗赵恒在《崇释论》中对儒、佛进行调和，面对当时的排佛观点，他不是直接回击，而是巧妙迂回，求同存异。他认为释氏戒律之书，与周、孔、荀、孟"迹异而道同"，其实从佛教的教义和它的修持方法上，都可以看出佛教的道德取向，它所提倡的慈悲、容忍、平等、助人等道德范畴，反映出佛教劝人向善的精神价值。而且对于善行，佛教给予极大的赞赏，认为善行就是积德积福，是会带来福报的，所谓善有善报，恶有恶报，佛教以因果报应论来劝诫人们相信因果并改恶迁善。因此，佛教与儒学虽然"迹异"，但都是劝人之善，禁人之恶，所以是"迹异而道同"。

15. 善谈说，能动人，所至听者云集。每讲，杂以禅机，亦不自讳也。（《明史·王畿传》）

明朝名儒王畿，世称"龙溪先生"，他在被罢官之后，就一心致力于讲学，足迹遍于东南，在吴楚闽越之地，他都进行过讲学。他善于谈说，讲学很能吸引人，于是所到之处，听者云集。他讲学的内容中常杂有禅学思想，他自己对此也是直言不讳。

16. 起元清修姱节，然其学不讳禅。汝登更欲合儒

释而会通之，辑《圣学宗传》，尽采先儒语类禅者以入。盖万历世士大夫讲学者，多类此。（《明史·杨起元、周汝登传》）

  杨起元、周汝登是晚明时期心学的学者。杨起元不讳禅，而周汝登既是名噪一时的大儒，又深受佛学的影响，力推佛学与儒学的融通。佛教中国化的过程，也是佛教与中国的儒、道等主导思想相融的过程。佛教大约是从隋唐时期开始逐渐中国化，其后在翻译和注解佛经之时，僧人和学者常常以儒、道之学来诠释佛教的思想，也编写了一些符合中国伦理道德的佛教经典。可以说中国的佛教诸宗派是在逐步融进中国传统文化，特别是摄取儒、道思想的基础上完成中国化过程的。

第三节　讲论三教　进退有据

1. 博览群籍，尤好《庄》《老》。……籍本有济世志，属魏晋之际，天下多故，名士少有全者，籍由是不与世事，遂酣饮为常。文帝初欲为武帝求婚于籍，籍醉六十日，不得言而止。钟会数以时事问之，欲因其可否而致之罪，皆以酣醉获免。（《晋书·阮籍传》）

阮籍是著名的"竹林七贤"之一，他博览群书，尤其喜好《老子》《庄子》。他本有济世之志，但正值魏晋之际，天下动荡不安，屡多变故，名士很少有能保全自己的，因此阮籍不愿参与世事，便常常饮酒，不醉不休。据说有一次，晋文帝司马昭想与阮籍联姻，阮籍借酒醉搪塞，连醉六十日，使文帝始终没有开口的机会，阮籍得以全身而退。钟会也多次找他的茬，总想找出差错来治他的罪，阮籍都以大醉而脱身。

2. 所谓达能兼善而不渝，穷则自得而无闷。以此观之，故知尧舜之居世，许由之岩栖，子房之佐汉，接舆之行歌，其揆一也。……故君子百行，殊涂同致，循性而动，各附所安。故有"处朝廷而不出，入山林而不反"之论。……又闻道士遗言，饵朮黄精，令人久寿，意甚信之。游山泽，观鱼鸟，心甚乐之。……安能舍其所乐，而从其所惧哉！（嵇康《与山巨源绝交书》）

山涛准备离职之际，举荐嵇康去任职，嵇康崇尚老、庄，坚决拒绝出仕，便给山涛写了一封信，在信中表达了他不想为官的想法。他在信中说：所谓显达就兼善天下而不改变志向，穷困就自得其乐而不烦恼。由此看来，尧舜居世，许由隐居，张良辅佐汉朝，接舆狂歌，都是一样的道理。这些君子，可以说是殊途而同归。所以有居于朝廷而不出，入隐山林而不返的说法。另外曾听道士说过，服食苍朮黄精可让人长寿，并且无忧无虑遨游于山林之间，观赏游鱼飞鸟，乃是人生一大乐事。如果去做官，这些事就都做不成了，所以不能放弃这些快乐而去从事那种可怕的事情。

3. 虽出处殊途，语默异用，各言其志，皆君子之道也。……其大者则轻天下，细万物，其小者则安苦节，甘贱贫。或与世同尘，随波澜以俱逝，或违时矫俗，望江湖而独往。……放情宇宙之外，自足怀抱之中，然皆欣欣于独善，鲜汲汲于兼济。……以其道虽未弘，志不可夺，……所谓无用以为用，无为而无不为者也。（《隋书·隐逸传序》）

《隋书》专门撰写了《隐逸传》，在序言中对隐逸者作了简要的说明："古之所谓隐逸者，非伏其身而不见也，非闭其言而不出也，非藏其智而不发也。盖以恬淡为心，不皦不昧，安时处顺，与物无私者也。"这与《庄子·缮性》中的意思一致，所谓隐士并不是自己隐藏而不肯显现于世，而只是时命乖谬，于是主张"以恬养知"，安时处顺，正如庄子所说，"隐，故不自隐"，只是存身之道，即"所谓无用以为用，无为而无不为者也"。世间之人"虽出处殊途，语默异用，各言其志，皆是君子之道"，因为其道虽未弘，但志不可夺。

4. 士谦善谈玄理，尝有一客在坐，不信佛家应报之义，以为外典无闻焉。士谦喻之曰："积善余庆，积恶余殃，……"客又问三教优劣，士谦曰："佛，日也；道，月也；儒，五星也。"（《隋书·李士谦传》）

李士谦善于谈论义理，曾经有人对他说不相信佛家的因果报应论，士谦就对那人解释佛教教义，并告诉他，积善会带来福气，积恶太多就会招来灾祸。对于三教的关系，李士谦认为，三种教义就如同日月星辰一般，佛教就像太阳，道教如同月亮，儒教好似星星，它们都是天上的日月星辰，所以可以共在共存。

5. 居易儒学之外，尤通释典，常以忘怀处顺为事，都不以迁谪介意。……居易与凑、满、朗、晦四禅师，追永、远、宗、雷之迹，为人外之交。每相携游咏，跻危登险，极林泉之幽邃。至于儵然顺适之际，几欲忘其形骸。（《旧唐书·白居易传》）

白居易除儒学外，还精通佛教义理，深谙佛家出世之道，所以常能淡忘宠辱，安处逆境，即使仕途不顺遭到贬谪，也丝毫不放在心上，纵然身处困境，也能自得其乐。白居易还与禅师结为至交好友，结伴吟咏，尽情山野，超脱凡尘，酣畅舒适，好不快活！

6. 维弟兄俱奉佛，居常蔬食，不茹荤血，晚年长斋，不衣文彩。得宋之问蓝田别墅，在辋口，辋水周于舍下，别涨竹洲花坞，与道友裴迪浮舟往来，弹琴赋诗，啸咏终日。尝聚其田园所为诗，号《辋川集》。在京师日饭十数名僧，以玄谈为乐。斋中无所有，唯茶铛、药臼、经案、绳床而已。退朝之后，焚香独坐，以禅诵为事。（《旧唐书·王维传》）

王维有"诗佛"之称，与弟弟王缙都奉佛，日常生活中常吃粗食，不沾荤腥，晚年更是吃长斋，不穿彩衣。王维买下宋之问在蓝田的别墅，辋水从屋旁一直流过竹洲花坞，王维与道友裴迪乘舟往来其间，弹琴赋诗，终日吟咏，快乐恣意。王维把田园生活中创作的诗歌编辑成册，称作《辋川集》。王维除了逍遥于山林田园，还结交佛门中人，相传他在京城之时常与十多位名僧一起吃饭，谈论佛理，乐在其中。他的书斋陈设简单，仅仅只有茶铛、药臼、经传书案、交椅等一些简单的家具。他常常在退朝之后焚香独坐，参禅诵经，醉心佛事。

7. 贺知章，会稽永兴人，太子洗马德仁之族孙也。少以文词知名，举进士。……十三年，迁礼部侍郎，加集贤院学士，又充皇太子侍读。……天宝三载，知章因病恍惚，乃上疏请度为道士，求还乡里，仍舍本乡宅为观。(《旧唐书·贺知章传》)

贺知章年轻时以文章名动天下，考中进士后入仕，一路加官进爵，可谓春风得意，但后来因病转而信奉道教。天宝三载（744），贺知章上疏请求剃度为道士，恳请返乡，还捐出本乡住宅作为道观。

8. 承乾又问曰："布施营功德，有果报不？"对曰："事佛在于清净无欲，仁恕为心。如其贪婪无厌，骄虐是务，虽复倾财事佛，无救目前之祸。且善恶之报，

若影随形，此是儒书之言，岂徒佛经所说。是为人君父，当须仁慈；为人臣子，宜尽忠孝。仁慈忠孝，则福祚攸永；如或反此，则殃祸斯及。此理昭然，愿殿下勿为忧虑。"（《旧唐书·张士衡传》）

张士衡是唐朝儒家学者，曾经教导过太子李承乾。有一次，太子向他请教佛教教义，张士衡用儒家的思想予以阐释。他说：侍奉佛法在于清净无欲，怀有仁恕之心。如果贪得无厌，骄纵暴虐，虽然倾尽财力侍奉佛法，也不能拯救眼前的灾祸。况且善与恶的报应，如影随形，这是儒家典籍上的话，哪里只是佛经这样说。因此为人君父的，应该仁慈；为人臣子的，当尽忠孝。能做到仁慈忠孝，则福祉长久；如果与此相反，那么灾祸就要降临。在他看来，佛教讲的因果报应、行善积德的理论，其实儒家已经讲得很清楚了。

9. 尝言为学有三要，所谓不知《春秋》，不能涉世；不精老、庄，不能忘世；不参禅，不能出世。（《憨山大师梦游全集·说·学要》）

明末的高僧德清对儒、道、佛之学都有研习，并且认为它们之间是可以融通的。他谈到为学有三要，儒、道、佛虽然各有特色，但在功能上却可以互补融通。知《春秋》方可入世，精通老、庄之说方可忘世，能参禅方可出世，只有兼备三学，才能经世出世，因此儒、道、佛之学是为学之要。在他看来，儒、道、佛各有所长，应能弥补各自所短。他在《憨山大师梦游全集·观老庄影响论·发明归趣》中进一步阐明了儒、道、佛三者在经世致用功能上的互补作用，儒家强调刚健有为，这样的入世精神能使人积极进取，以"刚"为胜；道家则讲求谦让不争，强调处下守柔，这样能避开纷争，以"柔"为胜。儒家赞赏君子坦荡荡的道义行为，反对通过不仁义的行为去求取富贵荣华；道家却是主张清静无为；佛家则认为欲望、贪念正是人们的烦恼之源。由此可知，儒、道、佛三家具有扬善抑恶的基本立场和思想。正如德清之言，儒、道、佛各有利弊，可以相互会通。儒、道、佛之学在人们的生活中，以道德为支点架构了进退自如的人生路向，让人张弛有度，保持幸福的张力。

10. 惜乎后世学者，各束于教：习儒者拘，习老者狂，学佛者隘，此学者之弊，皆执我之害也。果能力破我执，则剖破藩篱，即大家矣。（《憨山大师梦游全集·道德经解发题·发明体用》）

德清在论述佛教理论时常以儒、道之说来进行阐释，他认为儒、道、佛是可以融通的，所以要破除各家之藩篱。他指出后世学者之弊，在于各束于教。在他看来，虽然儒、道、佛分属不同的流派，各有主张与特点，但它们在基本思想和义理上是可以会通的。特别是随着儒、道、佛学说的发展，三者之间互相影响，并在彼此的差异冲突中互补、融通。而且德清还以儒释佛，以佛附儒。

他说，佛制五戒，即儒之五常：不杀，仁也；不盗，义也；不淫邪，礼也；不饮酒，智也；不妄语，信也。但从佛口所说，言别而义同。可见，儒、道、佛虽然观点互异，理论各有千秋，但不是相互排斥的，如果能突破彼此的局限，就可互为弥补，保持理论的内在张力。

11. 即吾尽性至命中完养此身，谓之仙；即吾尽性至命中不染世累，谓之佛。但后世儒者不见圣学之全，故与二氏成二见耳。譬之厅堂，三间共为一厅，……圣人与天地民物同体，儒、佛、老、庄皆吾之用，是之谓大道。（《王阳明全集·传习录拾遗》）

王阳明是心学的主要代表人物，他认为，儒、佛、道"皆吾之用"，就譬如厅堂，三间共为一厅。由此可知，阳明先生对佛、道思想并不抵触，正如张岱年所说，宋明理学表现了儒、道、佛思想的交融和相互补充。佛教与儒、道思想既相互排斥，但又有融通。在佛教传入中土之后，虽然也受到了宋明理学的极力排斥，但此时的儒家也在佛教的思想中得到了新的发展思路。实际上程朱理学和陆王心学中也融入了佛教的思维方式，如王阳明的心学与禅宗的顿渐之学在修养方法上就有许多相似之处。有人称阳明学为"阳明禅"，亦儒亦禅，这跟阳明儒、佛"皆吾之用"的思想不无关系。

12. 窃以人之一心，至理咸具，欲为儒则儒，欲为道则道，欲为释则释，在我而已，而非有外也。（《林子三教正宗统论·三教合一大旨·答论三教》）

林兆恩是明代著名的思想家、哲学家，他主张合儒、道、释三教为一，认为三教的区别只是在我而已，其实是可以融通合一的。明末的高僧德清也曾说，"三教圣人，所同者心，所异者迹也"。在这里"心"应是指心性修养或精神境界，林兆恩、德清等学者对儒、道、释三教之间的沟通，是直接而明确地从"心"上入手的，在他们看来，孔氏之心、老氏之心、释氏之心不过是不同名，实则"三家一道也"。

13. 假如三教，惟儒者凡有国家不可无。夫子生于周，立纲常而治礼、乐，助国家洪休，文庙祀焉。祀而有期，除儒官叩仰，愚民未知所从，夫子之奇至于如此。释迦与老子，虽玄奇过万世，时人未知其的，每所化处，宫室殿阁与国相齐，人民焚香叩祷，无时不至。二教初显化时，所求必应，飞悟有之。于是乎感动化外蛮夷及中国。（朱元璋《释道论》）

明太祖朱元璋认为在儒、道、佛三教之中，只有儒者是治理国家不可缺少的，他强调了儒学对于治国平天下的重要性。虽然释迦与老子，"玄奇过万世"，佛教、道教最初宣传有求必应，于是得到广泛传播，但其实人们并未能真正认识和理解它们的教义和义理。明太祖认为，对于国家来说，论及三教，儒学才是至关重要、不可缺少的治国之学。

14. 夫仆之为禅，自弱冠以来矣，敢欺人哉？公试观仆之行事立身，于名教有悖谬者乎？则禅之不足以害人明矣。仆盖以身证之，非世儒徒以口说诤论比也。吾性中有十八阴界，戕乱我灵明，贼伐我元命。……今仆亦欲以明智定力，破此一身伐性阴贼。（赵贞吉《与赵浚谷中丞书》）

赵贞吉是明代著名学者，主张经世致用，反对空谈，明史称他"最善王阳明学"，但在谈到禅学时，他却认为，禅不足以害人。他从弱冠之年就接触禅学，可为人处世并未有违礼教，因此他觉得禅学对人不仅无害，而且还有利于祛除人的私欲杂念，禅学不仅不会害身，反而有助于修身。明朝有很多像赵贞吉这样的学者，他们虽然没有皈依佛门，却可以包容和理解其教义。比如刘基在《送道士张玄中归桐柏观诗序》中曾说过，"盖吾徒之所以与上人游者，非欲求其道也"，儒生与道士虽然主张不一样，学派各异，但仍然可以把臂同游，赠诗吟咏。

15. 身居臣子之地，每怀经世之忧；心慕道德之门，时发出世之愿。……夫学术必助于治理，治理必原

于学术。……**经世者不碍于出世之体，出世者不忘乎经世之用。**（赵贞吉《祭古圣贤文》）

赵贞吉认为，经世出世并不矛盾，二者可以统一在一起，相互贯通、彼此交融。因此，作为臣子，他时刻以治国平天下为己任，寻求富国利民之良策，但在精神追求上又常怀出世之志。

第四章
百家争鸣的学术传统

在中国历史上,从先秦时期开始,各种学派和学说就论战频仍,众派争流。春秋战国时期,诸子学说各抒己见,形成百家争鸣的学术风尚,各家理论皆具特色。《吕氏春秋》中指出"老耽贵柔,孔子贵仁,墨翟贵廉,关尹贵清,子列子贵虚,陈骈贵齐,阳生贵己,孙膑贵势,王廖贵先,兒良贵后",《文心雕龙》中认为"孟轲膺儒以磬折,庄周述道以翱翔",诸子百家学说奠定了中国百家争鸣的学术传统,在中国传统文化中起到了非常重要的作用。这种学术争鸣提供了学术生长的沃土,正是由于争鸣,所以人才济济,"历选前英,于斯为盛"(《北史》),促进了思想的丰富和学术的繁荣。而且这种争鸣是"贵其所贵"(《荀子》):一方面是对学术思想的尊重。在中国历史上,学者们为各自的观点而争辩的例子随处可见,庄子与惠子的论辩,陆九渊与朱熹的鹅湖之会,他们"论辨所学多不合"(《宋史》),罗钦顺与王守仁之间的论辩直至守仁去世才不得不终止。另一方面也是指君子之辩贵在尊重对手。虽然观点有争辩,但亦可"各引一端,崇其所善"(《汉书》),因为"其言虽殊,辟犹水火,相灭亦相生也"(《汉书》)。所以,学术上的包容性也体现为君子之辩,贵其所贵,如同庄子与惠子,虽然观点始终不合,但仍然交好,正如庄子所说"自夫子之死也,吾无以为质矣,吾无与言之矣"。

第一节　众派争流　奇花怒放

1. 世之显学，儒、墨也。儒之所至，孔丘也。墨之所至，墨翟也。自孔子之死也，有子张之儒，有子思之儒，有颜氏之儒，有孟氏之儒，有漆雕氏之儒，有仲良氏之儒，有孙氏之儒，有乐正氏之儒。自墨子之死也，有相里氏之墨，有相夫氏之墨，有邓陵氏之墨。故孔、墨之后，儒分为八，墨离为三，取舍相反不同，而皆自谓真孔、墨；孔、墨不可复生。将谁使定后世之学乎？（《韩非子·显学》）

先秦时期，儒家和墨家被称作"显学"，产生了重要的社会影响。儒家的创始人是孔子，墨家的代表人物是墨翟。自从孔子死后，儒家一分为八，有子张之儒，有子思之儒，有颜氏之儒，有孟氏之儒，有漆雕氏之儒，有仲良氏之儒，有孙氏之儒，有乐正氏之儒。自从墨子死后，墨家一分为三，有相里氏之墨，有相夫氏之墨，有邓陵氏之墨。各派对最初的孔、墨学说各有取舍，互不相同，甚至相反，却都自称是孔、墨的真传。由此可见，儒、墨显学亦有纷争，在先秦时期，各种思想因学派、门派、学说、观点等的分歧，而呈现出丰富多样的理论形态和思想格局。

2. 太史公曰：老子所贵道，虚无，因应变化于无为，故著书辞称微妙难识。庄子散道德，放论，要亦归之自然。申子卑卑，施之于名实。韩子引绳墨，切事情，明是非，其极惨礉少恩。皆原于道德之意，而老子深远矣。（《史记·老子韩非传》）

先秦道家以老子和庄子为代表，道家重道，崇尚"无为""顺其自然"，非常重视循道而修德，为此提出了道德修养的具体方法。如庄子虚静无为的修养功夫，无论是坐忘还是心斋，其实都是为了让人们远离痛苦。道家学说的要义可以归为自然无为。韩非子和申不害都是法家，申子重"术"，而韩非子作为法家的集大成者，在总结先贤的理论基础之上，形成了法、术、势相统一的法治思想。

3. 自驺衍与齐之稷下先生，如淳于髡、慎到、环渊、接子、田骈、驺奭之徒，各著书言治乱之事，以干世主，岂可胜道哉！……于是齐王嘉之，自如淳于髡以下，皆命曰列大夫，为开第康庄之衢，高门大屋，尊宠之。览天下诸侯宾客，言齐能致天下贤士也。（《史记·孟子荀卿传》）

稷下学宫源于齐王的招贤纳士之策。春秋战国时期诸侯混战，齐王为了争霸天下，极力网罗天下贤才，使其齐聚稷下，从驺衍到齐国稷下的诸多学士，如淳于髡、慎到、环渊、接子、田骈、驺奭等人都济济一堂，各抒己见，他们都受到了重用。在这种学术自由的风尚之下，各种学派各显所长，互相辩论，形成了百家争鸣的学术氛围。当时来到稷下学宫的学者，既有儒家、道家、法家、墨家、名家，还有兵家、农家、纵横家、阴阳家等，人数多达千人，成为学术史上的一大盛事。司马光在《稷下赋》中曾对此给予极大赞誉："齐王乐五帝之遗风，嘉三王之茂烈，致千里之奇士，总百家之伟说。于是筑巨馆，临康衢，盛处士之游，壮学者之居。美矣哉！"晋代陶潜在《拟古》中提到稷下学宫时还说："厌闻世上语，结友到临淄。稷下多谈士，指彼决吾疑。"吕思勉称先秦诸子之学"乃如水焉，众派争流；如卉焉，奇花怒放耳"。

4. 而赵亦有公孙龙为坚白同异之辩，剧子之言；

魏有李悝，尽地力之教；楚有尸子、长卢；阿之吁子焉。自如孟子至于吁子，世多有其书，故不论其传云。盖墨翟，宋之大夫，善守御，为节用。或曰并孔子时，或曰在其后。（《史记·孟子荀卿传》）

公孙龙是战国时的赵国人，曾经做过平原君赵胜的门客，是当时名家的重要代表人物。据说，他有一次骑马过关，关吏说："马不准过。"公孙龙回答说："我骑的是白马，白马非马。"说着就骑着马过去了。公孙龙提出了著名的"坚白论"和"白马论"，曾以"离坚白"之说，同惠施的"合同异"之说展开论辩。惠施和公孙龙是名家具有代表性的人物，惠施以"合同异"著称，公孙龙以"离坚白"著称。公孙龙不像惠施那样强调"实"是相对的、变化的，他所强调的是，名是不变的、绝对的。此外赵国还有剧子，魏国有李悝，楚国曾有尸子、长卢，齐国东阿还有一位吁子。墨子是战国初期宋国人，他创立了墨家，在当时与儒家齐名，并称为"儒墨显学"。墨子的学说，宗旨是"兴天下之利，除天下之害"，他提出了兼爱、非攻、尚贤、尚同、非命、非乐、节用、节葬、天志、明鬼等主张。

5. 太史公学天官于唐都，受《易》于杨何，习道论于黄子。太史公仕于建元元封之间，愍学者之不达其意而师悖，乃论六家之要指曰：《易大传》："天下一致而百虑，同归而殊涂。"夫阴阳、儒、墨、名、法、道

德，此务为治者也，直所从言之异路，有省不省耳。（《史记·太史公自序》）

太史公广泛学习天文、《易经》以及道家理论。他担心学者基于偏见而不能通晓各学派的要义，有悖学术之道，于是对阴阳、儒、墨、名、法和道家的思想进行阐释。太史公认为，各家学说的要旨皆是殊途同归，就如同《周易·系辞》所说"天下一致而百虑，同归而殊涂"，阴阳家、儒家、墨家、名家、法家和道家等学派都致力于天下太平治世，只是遵循不同的路径，采取不同的办法，有的显明，有的不显明，但都是为了相同的目标。

6. **儒家者流，盖出于司徒之官，……道家者流，盖出于史官，……阴阳家者流，盖出于羲和之官，……法家者流，盖出于理官，……名家者流，盖出于礼官。……墨家者流，盖出于清庙之守。……从横家者流，盖出于行人之官。……杂家者流，盖出于议官。……农家者流，盖出于农稷之官。……小说家者流，盖出于稗官。**（《汉书·艺文志》）

中国历史上有多种学说和流派，就其学派渊源来讲，儒家这个流派，大概出自古代的司徒之官；道家这个流派，大概出于古代的史官；阴阳家这个流派，大概出于古代掌天文的官；法家这个流派，大概出自古代掌管刑律的官；名家这个流派，大概出自古代掌礼仪的官；墨家这个流派，大概出于古代掌管宗庙的官；纵横家这个流派，大概出于古代的外交官；杂家这个流派，大概出于古代的议政之官；农家这个流派，大概出于古代掌管农业的官；小说家这个流派，大概出自古代记载野史的官。

7. 显庆元年，高宗又令左仆射于志宁、侍中许敬宗、中书令来济李义府杜正伦、黄门侍郎薛元超等，共润色玄奘所定之经，国子博士范义硕、太子洗马郭瑜、弘文馆学士高若思等，助加翻译。凡成七十五部，奏上之。（《旧唐书·玄奘传》）

显庆元年（656），唐高宗命令左仆射于志宁，侍中许敬宗，中书令来济、李义府、杜正伦，黄门侍郎薛元超等人，对玄奘翻译出来的佛经译文进行润色，令国子博士范义硕、太子洗马郭瑜、弘文馆学士高若思等人，帮助玄奘进行佛经翻译。后来共译出佛经七十五部，都进献给了唐高宗。

8. 知章虽居吏职，归家则讲授不辍，尤明《易》及庄、老玄言之学，远近咸来受业。……所注《孝经》《老子》《庄子》《韩子》《管子》《鬼谷子》，颇行于时。（《旧唐书·尹知章传》）

尹知章是唐朝学者，在朝廷任职，退朝回家后仍讲授不辍。他尤其通晓《易经》及庄子、老子的学说。他注释的著作颇多,有《孝经》《老子》《庄子》《韩子》《管子》《鬼谷子》等,涉及多种学派学说,在当时产生了很大的影响。

9. 汉自孝武之后,雅尚斯文,扬葩振藻者如林,而二马、王、杨为之杰。东京之朝,兹道逾扇,咀徵含商者成市,而班、傅、张、蔡为之雄。当涂受命,尤好虫篆。……曹、王、陈、阮负宏衍之思,挺栋干于邓林;潘、陆、张、左擅侈丽之才,饰羽仪于凤穴。斯并高视当世,连衡孔门。虽时运推移,质文屡变,譬犹六代并奏,易俗之用无爽;九源竞逐,一致之理同归。历选前英,于斯为盛。(《北史·文苑传序》)

汉代自孝武帝之后,就特别崇尚诗文,司马相如、司马迁、王褒、扬雄等人是其中的翘楚,他们的文采都十分出众。到东汉之后文人就更多了,比如班固、傅毅、张衡、蔡邕等人,文采斐然,名扬天下。魏晋之时,诗文辞赋进一步得到发展,曹植、王粲、陈琳、阮瑀,潘岳、陆机、张协、左思都是名扬后世的英才。这些人还旁通儒学。由此可知,文苑英才辈出,各种诗文体裁形式及内容上的争奇斗艳,促进了文坛的兴盛与繁荣。

10. 时有赵州李玄植,又受《三礼》于公彦,撰

《三礼音义》行于代。玄植兼习《春秋左氏传》于王德韶，受《毛诗》于齐威，博涉汉史及老、庄诸子之学。贞观中，累迁太子文学、弘文馆直学士。高宗时，屡被召见，与道士、沙门在御前讲说经义。（《旧唐书·李玄植传》）

李玄植是唐朝著名儒者。他向贾公彦学习《三礼》，撰写了《三礼音义》流传于世。除此之外，他还向王德韶学习《春秋左氏传》，听齐威讲授《毛诗》，广博地涉猎汉史以及老、庄诸子之学。贞观年间，他升任太子文学、弘文馆直学士。唐高宗时，屡次被皇帝召见，与道士、和尚一起在皇帝面前讲解经书义理。

11. 丙部子录，其类十七：一曰儒家类，二曰道家类，三曰法家类，四曰名家类，五曰墨家类，六曰纵横家类，七曰杂家类，八曰农家类，九曰小说类，十曰天文类，十一曰历算类，十二曰兵书类，十三曰五行类，十四曰杂艺术类，十五曰类书类，十六曰明堂经脉类，十七曰医术类。凡著录六百九家，九百六十七部，一万七千一百五十二卷；不著录五百七家，五千六百一十五卷。（《新唐书·艺文志》）

史书的《艺文志》主要是对中国历史上的艺文状况进行记载与介绍。《新唐书·艺文志》中的丙部子录，分为十七类，包括儒家类、道家类、法家类、名家类、墨家类、纵横家类、杂家类、农家类、小说类、天文类、历算类、兵书类、五行类、杂艺术类、类书类、明堂经脉类、医术类，共著录六百零九家，九百六十七部著作，一万七千一百五十二卷，而不著录的有五百零七家，五千六百一十五卷。由此可见，在中国历史上各种学说及其门类与著述是非常丰富多彩的。

12. 钦顺为学，专力于穷理、存心、知性。初由释氏入，既悟其非，乃力排之，谓："释氏之明心见性，与吾儒之尽心知性相似，而实不同。释氏之学，大抵有见于心，无见于性。今人明心之说，混于禅学，而不知有千里毫厘之谬。道之不明，将由于此，钦顺有忧焉。"（《明史·罗钦顺传》）

明代学者罗钦顺潜心于格物致知，在儒学研究中，专心致力于穷理、存心、知性等命题的研究。他开始是从佛学入手，渐渐认识到佛学中的错误，便开始批判佛学。他指出，佛学的明心见性理论与儒学的尽心知性思想相比，虽然看起来相似，实则不同。他认为，佛学"大抵有见于心，无见于性"，今人的明心之说，与佛家的禅学混为一谈，殊不知是差之毫厘而失之千里。

13. 自石晋燕、云十六州之割，北方之为异域也久矣，虽有宋诸儒叠出，声教不通。自赵江汉以南冠之囚，吾道入北，而姚枢、窦默、许衡、刘因之徒，得闻程、

朱之学以广其传，由是北方之学郁起。（黄宗羲、全祖望《宋元学案·鲁斋学案》）

在理学北传的过程中，姚枢、窦默、许衡、刘因等人都发挥了重要作用。这里所提到的许衡是在元代真正推动程朱理学北传的理学家。据《元史·赵复传》记载："北方知有程朱之学，自复始。"由此可知，在元代，北方人知道有理学，应是始于赵复。不过此时程朱理学并未在北方传播开来，真正推动程朱理学在北方推广的应当是元初的理学家许衡。许衡的思想承袭程朱理学，尤其是朱熹的思想，为了使当地人尤其是蒙古、色目子弟便于理解，许衡还对儒学理论进行了阐释，使其通俗易懂，易于接受。

14. 当是时，浙河东之学，新建一传而为王龙溪，再传而为周海门、陶文简，则湛然澄之禅入之。三传而为陶石梁，辅之以姚江之沈国谟、管宗圣、史孝咸，而密云悟之禅又入之。……杂以因果、僻经、妄说，而新建之传扫地矣。（黄宗羲《子刘子行状》）

黄宗羲指出，浙河东学派，王守仁一传而至王畿，再传而至周海门、陶文简，三传而至陶石梁。阳明之后，心学分为两派，一派是以王艮为首的泰州学派，一派是以王畿为首的龙溪学派。刘宗周也曾指出："今天下争言良知矣，及其弊也，猖狂者参之以情识，而一是皆良；超洁者荡之以玄虚，而夷良于贼。"其中"情识之弊"是指以王艮为代表的泰州学派，而"玄虚之弊"就是指以王畿为代表的龙溪学派。由此可见，阳明学派虽然是对王学思想的倡导，以王阳明的心学思想为主导，但从它的发展与内部思想的分化来看，也是异彩纷呈，各有特色。

第二节　君子善辩　贵其所贵

1. 公都子曰："外人皆称夫子好辩,敢问何也?"孟子曰："予岂好辩哉?予不得已也。天下之生久矣,一治一乱。……圣王不作,诸侯放恣,处士横议,杨朱、墨翟之言盈天下。天下之言,不归杨,则归墨。杨氏为我,是无君也;墨氏兼爱,是无父也。无父无君,是禽兽也。……我亦欲正人心,息邪说,距诐行,放淫辞,以承三圣者。岂好辩哉?予不得已也。……"(《孟子·滕文公下》)

先秦学术思想丰富多样,学派众多,观点常有争鸣,学界盛行学术辩论之风。可是有人常常不解,以为是人们喜欢争执辩论,于是孟子对此进行了解答:并非好辩,只是不得已。孟子接下来对杨朱、墨翟之言进行了批评，认为"杨氏为我，是无君也；墨氏兼爱，是无父也。无父无君，是禽兽也"，这表明了学派及其思想的对立性，因为不能苟同，所以言辞犀利，笔下无情。正如孟子所说，因为"欲正人心，息邪说，距诐行"，所以不是好辩，而是不得已。当然，孟子的言论也是代表儒家学派的一家之言。不过，孟子的雄辩仍然让人印象深刻，而且他对学术之辩目的的阐释，也有利于澄清误解：其实辩论并非为己，而是为人；不是为了私心，而是为了"人心""天下"。

2. 庄子曰："然则儒墨杨秉四，与夫子为五，果孰是邪？或者若鲁遽者邪？……"惠子曰："今夫儒墨杨秉，且方与我以辩，相拂以辞，相镇以声，而未始吾非也，则奚若矣？"（《庄子·徐无鬼》）

惠施以善辩著称。班固在《汉书·艺文志》中沿用刘向的分类法，将先秦诸子分为十个主要派别，名家惠施也列于其中，《庄子·天下》篇也提到了惠施"多方，其书五车"，并记载了他的"历物十事"。《庄子·秋水》篇中谈到惠子与庄子著名的"濠梁之辩"，类似的辩论在他们之间常有发生。比如庄子讽刺惠施像鲁遽一样自以为是，惠子反唇相讥，毫不相让，表明自己的观点与儒墨杨秉四家并不相同，虽然互相之间多有争论，但并不是自以为是，而是没有被他们所折服。庄子在这里与惠施的辩论，也不是针对惠施本人，而是为了表达自己的观点，对学术界那种自以为是的态度进行无情批评。

3. 庄子送葬，过惠子之墓，顾谓从者曰："郢人垩漫其鼻端，若蝇翼，使匠石斫之。匠石运斤成风，听而斫之，尽垩而鼻不伤，郢人立不失容。宋元君闻之，召匠石曰：'尝试为寡人为之。'匠石曰：'臣则尝能斫之。虽然，臣之质死久矣。'自夫子之死也，吾无以为质矣，吾无与言之矣。"（《庄子·徐无鬼》）

惠施与庄子虽然多有辩论，意见经常相左，却是惺惺相惜，互相引为知己好友。《庄子·徐无鬼》中的这个故事反映了庄子对惠子的深厚情谊。当庄子送葬经过惠施的墓地时，他对身边的人讲了一个匠石斫垩的故事：楚国国都有一个人，在自己的鼻端抹上一点白灰，让匠石用斧子去除白灰。匠石运斤成风，一下就削掉了白灰，鼻子一点都没伤。宋元君知道之后召见匠石，想让匠石再在他面前表演一下，匠石却说，对手不在了，就做不到了。"自夫子之死也，吾无以为质矣，吾无与言之矣。"这其实就是庄子在惠子墓前想要说的心里话，斯人已去，世间再无可以说话的人，再无可以匹敌的对手了。这段话承接匠石的故事说出，其实是庄子对惠子真挚感情的流露与表达，亦可视为对辩论精神的生动注解与诠释。

4. 谈说之术：矜庄以莅之，端诚以处之，坚强以持之，分别以喻之，譬称以明之，欣欢芬芗以送之，宝之珍之，贵之神之，如是则说常无不受。虽不说人，人莫不贵，夫是之谓为能贵其所贵。传曰："唯君子为能贵其所贵。"此之谓也。（《荀子·非相》）

荀子指出，君子必辩，不过辩论需讲究谈说之术，注重谈话的方法。在面对对方时，需庄重严肃，正直诚恳，坚持自己的观点，采取譬喻的方法给对方以启发，让他明白其中的道理，谈话要和颜悦色，要春风化雨般地对待他，采取合适的方式和方法让他乐于接受。即使辩论并不能让人那么愉悦，但是如果能"贵其所贵"，纵然别人不高兴，也依然能获得他的尊重，那么"人莫不贵"。

5. 墨子蔽于用而不知文，宋子蔽于欲而不知得，慎子蔽于法而不知贤，申子蔽于势而不知知，惠子蔽于辞而不知实，庄子蔽于天而不知人。故由用谓之道，尽利矣；由俗谓之道，尽嗛矣；由法谓之道，尽数矣；由势谓之道，尽便矣；由辞谓之道，尽论矣；由天谓之道，尽因矣。此数具者，皆道之一隅也。（《荀子·解蔽》）

荀子在《解蔽》篇和《非十二子》篇中对先秦诸子流派进行了评判。他认为：墨子只重实用而不知文饰，宋子只见人有寡欲的一面而不知人有贪得无厌的一面，慎子只求法治而不知任用贤人，申子只知权势的作用而不知才智的作用，惠子只务名辩而不知实际，庄子只知自然的作用而不知人力的作用。所以，从实用的角度来谈道，就全谈功利了；从欲望的角度来谈道，就全谈满足了；从法治的角度来谈道，就全谈法律条文了；从权势的角度来谈道，就全谈权势的便利了；从名辩的角度来谈道，就全谈些不切实际的理论了；从自然的角度来谈道，就全谈些因循顺应了。在荀子看来，以上这些流派的观点，都有失偏颇。

6. 二三子复于子墨子曰："告子曰：'言义而行甚恶。'请弃之。"子墨子曰："不可。称我言以毁我行，愈于亡。有人于此，翟甚不仁，尊天、事鬼、爱人，甚不仁。犹愈于亡也。今告子言谈甚辩，言仁义而不吾毁，告子毁，犹愈亡也。"（《墨子·公孟》）

这是个意味深长的故事，其中蕴含着深刻的道理。有一次，几个弟子对墨子说："告子在外说您的坏话，说您满嘴仁义却做不到，请您抛弃他。"墨子却说："告子肯定我的言论而诽谤我的行为，这总比完全漠视要好。假如现在这里有一个人说，墨子不仁义，只是尊重上天、侍奉鬼神、爱护百姓，行为却很不仁义，这也比没有提到我要好。现在告子讲话虽然强词夺理，但并没有诋毁我讲的仁义。所以告子的诋毁仍然胜过没有任何人提及。"由此可见，墨子十分重视辩的意义，这与荀子所说的"君子必辩""贵其所贵"有异曲同工之妙。

7. 子夏言终而出，子贡进曰："商之论也何如？"孔子曰："汝谓何也？"对曰："微则微矣，然则非治世之待也。"孔子曰："然，各其所能。"（《孔子家语·执辔》）

孔子在一次与子贡的谈话中指出，子夏的言论好似老聃的言论。子贡也认为子夏的观点精妙倒是精妙，却不是治世之论。孔子对子贡的意见予以赞同，在孔子看来，老聃的道家理论讲求顺从天理、遵循天地的特性，有其精妙之处，但自己不能苟同。他同时又指出，尽管是不同的言论，但都能各自发挥作用。

8. 尝戏微之云："仆与足下二十年来为文友诗敌，幸也，亦不幸也。吟咏情性，播扬名声，其适遗形，其乐忘老，幸也。然江南士女语才子者，多云元、白，以子之故，使仆不得独步于吴、越间，此亦不幸也。今垂老复遇梦得，非重不幸耶？"梦得梦得，文之神妙，莫先于诗。若妙与神，则吾岂敢？（《旧唐书·刘禹锡传》）

白居易曾对元稹戏说道："我与您为文友诗敌二十年，这是幸运，也是不幸。与您一起吟咏情性，播扬名声，舒畅而忘形，快乐而忘老，这是幸运。然而江南人士谈及才子，多半口称元、白，因为有您，我不能在吴、越之间独占鳌头,这是不幸呀。如今又加上梦得,岂不是加倍的不幸?"刘禹锡文字的神妙首推诗歌,若说到诗的神妙,他确实是难得之高才。这些是白居易的戏言,但其实也是对对手的溢美之辞,虽然是文坛对手,但并不有损于文人间的情谊,对手亦知音,知音亦对手,高手唱和,惺惺相惜,皆成绝响。

9. 后高祖亲临释奠,时徐文远讲《孝经》,沙门惠乘讲《波若经》,道士刘进喜讲《老子》,德明难此三人,各因宗指,随端立义,众皆为之屈。高祖善之,赐帛五十匹。贞观初,拜国子博士,……撰《经典释文》三十卷、《老子疏》十五卷、《易疏》二十卷,并行于世。(《旧唐书·陆德明传》)

陆德明是唐朝学者,被秦王李世民任用为秦府文学馆学士,并且负有教导中山王李承乾之责,不久升任太学博士。有一次唐高祖亲临祭孔典礼,徐文远讲授《孝经》,沙门惠乘讲授《波若经》,道士刘进喜讲授《老子》,陆德明与他们三人辩论,众人都被他所折服,高祖还称赞他并赐帛五十四。陆德明的著作较多,有《经典释文》三十卷、《老子疏》十五卷、《易疏》二十卷,都流传于世。

10. 九渊尝与朱熹会鹅湖,论辨所学多不合。及熹守南康，九渊访之，熹与至白鹿洞，九渊为讲君子小人喻义利一章，听者至有泣下。熹以为切中学者隐微深痼之病。至于无极而太极之辨，则贻书往来论难不置焉。（《宋史·陆九渊传》）

南宋淳熙二年（1175），陆九渊与朱熹在鹅湖寺见面，就双方的学术分歧展开讨论，辩论十分激烈，这就是历史上著名的鹅湖之会，被视为学术界的一大盛事，记载在各种史料之中，而且也常被引为学术讨论的典型范例。关于鹅湖之会，《陆九渊集》卷三十六《年谱》中有这样的记述："鹅湖之会，论及教人。元晦之意，欲令人泛观博览，而后归之约。二陆之意，欲先发明人之本心，而后使之博览。"鹅湖之会后，朱熹知守南康，陆九渊亲自来拜访。朱熹引陆九渊至白鹿洞，让陆九渊讲君子小人喻义利一章，听者深受感动，有人甚至感泣。朱熹认为陆九渊所讲，切中学者隐微深痼之病痛。但关于无极而太极之辩，朱、陆多次通过书信往来，在信中对此论辩不休。

11. 张栻之学，亦出程氏，既见朱熹，相与博约又大进焉。（《宋史·道学传序》）

乾道三年（1167），张栻与朱熹在岳麓书院会见，讲论学术，就儒学理论中的一些问题展开讨论，气氛非常热烈。这次见面被认为是开了书院会讲的先河，是儒家学术史上一次重要的学术交流讨论会。朱张会讲是学术思想的会谈与辩论，尽管张栻与朱熹都渊源于二程之学，但仍然有很多不同的看法，这次会讲有利于促进学术相长，正所谓"相与博约又大进焉"。

12. 朱熹尝言："己之学乃铢积寸累而成，如敬夫，则于大本卓然先有见者也。"（《宋史·张栻传》）

朱子与张栻虽然在儒学观点上屡有分歧和争论，但并没有形成积怨，而且彼此还非常欣赏对方。朱熹曾经赞扬张栻，说他接受道义很早，有很卓越的见解与思想，而自己的学问是苦学得来。这是朱子的自谦之词，但亦反映出大家风范与大儒气度。

13. 曰："近而一身之中，远而八荒之外，微而一草一木之众，莫不各具此理。如此四人在坐，各有这个道理，某不用假借于公，公不用求于某，仲思与廷秀亦不用自相假借。然虽各自有一个理，又却同出于一个理尔。……释氏云：'一月普现一切水，一切水月一月摄。'这是那释氏也窥见得这些道理。……"（《朱子语类·大学五》）

朱熹曾用佛家的月印万川理论来说明他的理一分殊思想，虽然理学并不认同佛教教义，但无可否认，佛教的传入，对传统的儒家思想及其创新有所促进，也可以说，对儒学的新发展有触类旁通之妙。

14. 尔之慈悲普济而不以礼节之，六畜蠢动壹意，是不知父子之可亲而他人之可疏也。亲疏不别，是夷狄也。(《李觏集·广潜书十五篇》)

李觏站在儒家立场上对佛、道的义理进行批判，认为它们违背了儒家之礼。他理性、具体、有条理地批判了佛、道违反儒家礼义之处。他指出，佛教主张众生平等而不以礼来节制，是不知亲疏有别，不知父母兄弟的血缘关系是人生第一重要的关系，实际上是否定了人们赖以存在的人伦关系。李觏批判佛教义理的根本目的正是为了维护儒家的人伦关系。

15. 永嘉功利之说，至水心始一洗之。……乾、淳诸老既殁，学术之会，总为朱、陆二派，而水心断断其间，遂称鼎足。(黄宗羲、全祖望《宋元学案·水心学案序录》)

叶適，世称水心先生，是南宋的著名学者，永嘉学派的代表人物，主张事功之学。当时朱熹的理学和陆九渊的心学在学术界影响很大，而叶適提出功利之说，主张义利兼重，认为如果离开功利，道义就会是无用的空话，其学说成为与理学和心学并立的第三种学说，影响力与朱、陆不相上下，堪称三足鼎立。

16. 钦顺致书守仁，略曰："圣门设教，文行兼资，博学于文，厥有明训。如谓学不资于外求，但当反观内省，则'正心诚意'四字亦何所不尽，必于入门之际，加以格物工夫哉？"守仁得书，亦以书报，大略谓："理无内外，性无内外，故学无内外。讲习讨论，未尝非内也。反观内省，未尝遗外也。"反复二千余言。钦顺再以书辨曰……书未及达，守仁已殁。（《明史·罗钦顺传》）

王守仁创立心学之后，有很多人都来拜他为师，心学逐渐成为重要的学术流派。罗钦顺潜心于格物致知之理学，对王学有诸多不同意见，于是他不断与王守仁进行辩论。他致书守仁说，儒家之学需要博学与实践相结合，如果说学问不必在心外探求，只需反观内省，那么"正心诚意"四字就已经全部包含，又何必于入门之际，用格物的功夫要求人呢？王守仁在信中回答道：天理无内外之分，人性无内外之分，所以学问也没有内外之分。讲习讨论学问，未尝不是内心之事，而反观内省，也并没有离开向外探求，其实没有内外之分。二人就如此这般对"格物致知"与"正心诚意"思想进行反复辩论，后直至王守仁去世，辩论才不得不终止。

17. 初，受校默成之旨，尝言议论不如著述，著述不如躬行，故居常杜口不谈。自见耿定向，语以圣贤无独成之学，由是多所诱掖，弟子从游者至四百余人。其学，以慎独为先，而指亲长之际、衽席之间为慎独之本，尤以标立门户为戒。（《明史·王敬臣传》）

明朝学者王敬臣最初受业于魏校时，曾认为议论不如著述，著述不如躬行实践，所以平时闭口不谈学问。但后来受到耿定向的影响，改变了之前的看法。耿定向告诉他，"圣贤无独成之学"，须相互讨论。自此以后，王敬臣重视议论讲学，弟子有四百余人。其学以"慎独"为本，不自立门户，被尊称为"少湖先生"。

18. 艮乃谒守仁江西，与守仁辨久之，大服，拜为弟子。明日告之悔，复就宾位自如。已，心折，卒称弟子。（《明史·王艮传》）

王艮是明朝著名学者，师从王守仁。当初他去江西求见王守仁，与守仁辩论许久，大感佩服，当即决定拜守仁为师，可是第二天又有些后悔。经过反复辩论，王艮还是被守仁所折服，最终口称弟子，向老师学习、请教。

19. 时王畿谓良知自然，不假纤毫力。洪先非之曰："世岂有现成良知者耶？"虽与畿交好，而持论始终不合。（《明史·罗洪先传》）

罗洪先与王畿都是明代著名学者，两人在学术观点上常常会有冲突，但私交甚好，并没有因为意见不合而分道扬镳。王畿认为良知本于自然，不凭借丝毫人力。罗洪先则不以为然，认为世上没有现成的良知。

第三节　百家伟说　崇其所善

1. 老耽贵柔，孔子贵仁，墨翟贵廉，关尹贵清，子列子贵虚，陈骈贵齐，阳生贵己，孙膑贵势，王廖贵先，兒良贵后。（《吕氏春秋·不二》）

《吕氏春秋》对诸子百家之学兼取其长，崇其所善，采取兼容并包的方法对各家予以取舍融会。这段话指出了诸子之学各自的特点。其实儒、道之说各有所见，老、庄对儒家学说多有批评，认为其有损自然之道，在道家看来，万事都应循道而行、顺其自然，人们也应柔弱处下、如赤子般含德之厚，即使是对不善之人也可善待之，正所谓以德报怨，可化解仇怨，而不积怨于人。儒家认为道家思想太消极，荀子指出"老子有见于诎，无见于信",而"庄子蔽于天而不知人"。可见,各家学说虽互不相同,却各有侧重,自有其独特的理论特色。

2. 诸子十家,其可观者九家而已。……是以九家之术蜂出并作,各引一端,崇其所善,以此驰说,取合诸侯。其言虽殊,辟犹水火,相灭亦相生也。……今异家者各推所长,穷知究虑,以明其指,虽有蔽短,合其要归,亦"六经"之支与流裔。使其人遭明王圣主,得其所折中,皆股肱之材已。(《汉书·艺文志》)

春秋战国时期,社会动荡,诸侯国之间征伐不断,各种学术思想纷纷兴起,儒家、道家、法家、墨家等诸子学说各自发表安身立命、治国安民的观点,任何一派学者假使遇到圣主善用其主张,皆可成为股肱之材。在当时流行的诸子学说,虽言论不同,辟犹水火,但相灭亦相生也。它们虽然各有不足,但从各家学说的要旨来说,都是殊途同归。

3. 夫阴阳四时、八位、十二度、二十四节各有教令,顺之者昌,逆之者不死则亡。未必然也,故曰"使人拘而多畏"。夫春生夏长,秋收冬藏,此天道之大经也,弗顺则无以为天下纲纪,故曰"四时之大顺,不可失也"。(《史记·太史公自序》)

《史记》对诸子学说进行了介绍与评析,对各家思想的弊端和长处也予以说明和诠释。说到阴阳家，《史记》认为：一方面，阴阳家关于四时、八位、十二度和二十四节气有一套说法，讲究合宜与禁忌，"顺之者昌，逆之者不死则亡"，但这些说法未必就是对的，因为这些理论和主张易"使人拘而多畏"。另一方面，阴阳家关于春生夏长、秋收冬藏的理论又是天道之规则，是自然规律，无法违背，因此这些理论又是"四时之大顺，不可失也"。

4. 夫儒者以"六艺"为法。"六艺"经传以千万数，累世不能通其学，当年不能究其礼，故曰"博而寡要，劳而少功"。若夫列君臣父子之礼，序夫妇长幼之别，虽百家弗能易也。（《史记·太史公自序》）

儒家是先秦显学，在诸子学说中占有十分重要的地位。《史记》对儒学进行了介绍与评析，对儒家思想的弊端和长处也予以说明和诠释。《史记》指出，儒家"博而寡要，劳而少功"，儒家以《诗》《书》《易》《礼》《春秋》《乐》等为"六艺"，而"'六艺'经传以千万数，累世不能通其学"，穷其一生难以究其礼。但儒家重视君臣父子之礼、夫妇长幼之序，讲究人伦纲常，这是其他学派难以替代的。

5. 墨者亦尚尧舜道，言其德行曰："堂高三尺，

土阶三等,茅茨不剪,采椽不刮。食土簋,啜土刑,粝粱之食,藜藿之羹。夏日葛衣,冬日鹿裘。"其送死,桐棺三寸,举音不尽其哀。……夫世易时移,事业不必同,故曰'俭而难遵'。要曰强本节用,则人给家足之道也。此墨子之所长,虽百家弗能废也。(《史记·太史公自序》)

墨家与儒家并称先秦显学,在诸子学说中占有重要的地位。《史记》对墨家进行了介绍和评述。《史记》谈到,墨家崇尚尧舜之道,但要求过于严苛,使人"俭而难遵"。比如,墨家讲求节俭,"堂高三尺,土阶三等,茅茨不剪,采椽不刮。食土簋,啜土刑,粝粱之食,藜藿之羹。夏日葛衣,冬日鹿裘","桐棺三寸,举音不尽其哀"。类似种种规定,过于苛刻,让人难以做到。但墨家学说的要旨是为了强本节用,这又是富国利民之道,是其他各派学说比不上的地方,因此墨家学说不能废除。

6. 法家不别亲疏,不殊贵贱,一断于法,则亲亲尊尊之恩绝矣。可以行一时之计,而不可长用也,故曰"严而少恩"。若尊主卑臣,明分职不得相逾越,虽百家弗能改也。(《史记·太史公自序》)

法家是先秦诸子之学中的重要学派,韩非子是法家的集大成者,在他之前法家分为三派:慎到贵势,申不害强调术,商鞅重法。韩非子认为三者都不可少,强调法、术、势合一，即利用术道驾驭群臣，群臣制定法律规范百姓的行为，君王拥有权势可以惩罚违反法律的人，最后达到无为而无不为的境界。《史记》认为，法家"严而少恩"，它不分亲疏远近，不论尊卑贵贱，一概依据法律来作决断，不讲人情世故，这可以作为一时之计来施行，却并非国家的长远之计。但强调上下尊卑，职责明确不得逾越，人人都要遵守，这是法家的理论特色，也是其他学说不能改变的。

7. 名家苛察缴绕，使人不得反其意，专决于名而失人情，故曰"使人俭而善失真"。若夫控名责实，参伍不失，此不可不察也。（《史记·太史公自序》）

汉代司马谈第一次提出"名家"这个称号，他在《论六家之要指》这篇文章中说："名家使人俭而善失真；然其正名实，不可不察也。"司马谈虽然没有对"名家"这一名称作出明确的界定，但说明了它的思想特点。他认为名家要求"正名实"，就是说人们的认识活动要做到概念与事物相符，"名"副其"实"，这是值得肯定的。不过"使人俭而善失真"，这是指名家过于纠缠于"名"，只精严于事物的概念而忽视了事物之"实"。如果只"苛察"事物的"名"，对事物之"实"就会有所忽视。

8. 《易》著天地阴阳四时五行，故长于变；《礼》经纪人伦，故长于行；《书》记先王之事，故长于政；《诗》记山川溪谷禽兽草木牝牡雌雄，故长于风；《乐》乐所以立，故长于和；《春秋》辩是非，故长于治人。是故《礼》以节人，《乐》以发和，《书》以道事，《诗》以达意，《易》以道化，《春秋》以道义。(《史记·太史公自序》)

据《史记》所述，儒家以"六艺"为法，"六艺"即《易》《礼》《书》《诗》《乐》《春秋》，它们各有侧重，各有所长。《易》载述天地、阴阳、四时、五行，所以擅长于讲论变化；《礼》重视人伦纲常，所以擅长于行为实践；《书》记载先王之事，擅长于政治；《诗》记述山川溪谷、禽兽草木、牝牡雌雄，所以长于风土人情；《乐》是论述音乐义理，所以长于和谐之道；《春秋》辩论是非，所以长于治人。因此"六艺"各具特色，其特色又是其长处，也是其理论的着重点。

9. 温惠柔良者，《诗》之风也；淳庞敦厚者，《书》之教也；清明条达者，《易》之义也；恭俭尊让者，《礼》之为也；宽裕简易者，《乐》之化也；刺幾辩义者，《春秋》之靡也。故《易》之失鬼，《乐》之失淫，《诗》之失愚，《书》之失拘，《礼》之失忮，《春秋》之失訾。六者，圣人兼用而财制之。(《淮南子·泰族训》)

《淮南子》谈到对《诗》《书》《礼》《乐》《春秋》《易》等"六经"的评析：《诗》的风格是"温惠柔良"，《书》重"淳庞敦厚"之教，《易》讲求"清明条达"之义理，《礼》倡导恭俭尊让，《乐》长于"宽裕简易"之教化，刺讥辩义是《春秋》的优点；但也因此使《易》失于隐晦难懂，《乐》失之淫逸，《诗》失之愚，《书》使人拘泥于先王旧法，《礼》使人刚愎，《春秋》容易产生伤害或诋毁。由此可见，这些经典各有侧重，各具理论特点，但它们的特点，既是它们的长处，也可能是它们的短处，所以圣人兼取而并用。

10. 孟轲膺儒以磬折，庄周述道以翱翔。（《文心雕龙·诸子》）

《文心雕龙》是南朝时期刘勰关于文学理论的著作，在论及诸子时，刘勰对他们的文学理论特色进行了分析。"孟子膺儒以磬折，庄周述道以翱翔"，这是与二者的学派特点密切相关的。在这里"磬折"与"翱翔"形成相互对照，恰如两种不同的学派思想理论。所谓"文以载道"，文学也是思想的一种表达方式，因此孟子与庄子的哲学思想在文学作品中也得到体现和反映：一个是恭敬地谨守儒礼，屈身以伺礼；另一个是能"乘天地之正""御六气之辩"，如大鹏般逍遥于天地之间而心意自得。

11. 昔汉武爱《骚》，而淮南作传，以为："《国风》好色而不淫，《小雅》怨诽而不乱，若《离骚》者，可谓兼之。蝉蜕秽浊之中，浮游尘埃之外，皭然涅而不缁，虽与日月争光可也。"（《文心雕龙·辨骚》）

刘勰在文学评论上颇有见地，在《文心雕龙》中对诸多文学作品和理论进行了介绍和评述。谈到《离骚》时，刘勰指出，从前汉武帝喜爱《离骚》，淮南王刘安为此作《离骚传》。刘安认为，《国风》虽言情而不淫，《小雅》虽怨诽批评但不致引起混乱，而《离骚》对它们二者的长处是兼而有之。屈原超脱于污浊的世俗，忠贞不渝，可与日月争光。所谓文如其人，屈原所作的《离骚》是一篇宏大的政治抒情诗歌，正是文人品格的反映，其文风兼具《国风》《小雅》之所长，成为流传后世的名作精品，在中国诗歌史上产生了重要影响。

12. 逮乎两周道丧，七十义乖。淹中、稷下，八儒、三墨之异，漆园、黍谷，名、法、兵、农之别，虽雅诰奥义，或未尽善，考其遗迹，亦贤达之流乎。（《北史·文苑传序》）

历代史书对先秦诸子之学都有记述，在《北史》的《文苑传序》中就有关于诸子百家的记载与说明。文中指出，诸子百家是在当时礼崩乐坏的社会环境之下所产生的，当时诸侯各国纷争不断，于是涌现了许多学术流派。所谓八儒、三墨，以及漆园、黍谷，名、法、兵、农家等,都是在这种情况下出现的。诸子百家阐释深奥精深的思想,皆自成一家,对当时社会产生了重要影响。

13. 方诸张、蔡、曹、王,亦各一时之选也。闻其风者,声驰景慕,然彼此好尚,互有异同。江左宫商发越,贵于清绮,河朔词义贞刚,重乎气质。气质则理胜其词,清绮则文过其意,理深者便于时用,文华者宜于咏歌,此其南北词人得失之大较也。若能掇彼清音,简兹累句,各去所短,合其两长,则文质斌斌,尽善尽美矣。(《隋书·文学传序》)

中国的文学作品自古以来就丰富多样,绚烂多姿。南北朝的文风各有不同,《隋书·文学传序》通过对南北文章的比较,来分析它们的特点:南朝文辞贵在清新绮丽,北朝文章贵在气韵质实。南北文章彼此的喜好与崇尚互有异同,也各有优缺点。具体来说,"气质则理胜其词,清绮则文过其意,理深者便于时用,文华者宜于咏歌",因此如果能吸取彼此优点,就可以使文章尽善尽美了。

14. (张)说曰:"……富嘉谟之文,如孤峰绝岸,壁立万仞,浓云郁兴,震雷俱发,诚可畏也,若施于廊庙,则骇矣。阎朝隐之文,如丽服靓妆,燕歌赵舞,观者忘疲,若类之《风》《雅》,则罪人矣。"问后进词人之优劣,说曰:"韩休之文,如太羹旨酒,雅有典则,而薄于滋味。许景先之文,如丰肌腻理,虽秾华可爱,而微少风骨。张九龄之文,如轻缣素练,实济时用,而微窘边幅。王翰之文,如琼杯玉斝,虽烂然可珍,而多有玷缺。"(《旧唐书·杨炯传》)

唐朝开元年间,集贤大学士张说常与学士徐坚谈论、评价文士。张说认为,李峤、崔融、薛稷、宋之问的文章,有如良金美玉,适用范围非常广泛。富嘉谟的文章,如孤峰耸立,壁立万仞,乌云翻滚,震雷俱发,让人敬畏,但这种文风如果用于朝廷,就太吓人了。阎朝隐的文章,如同美妙的歌舞,让观看的人忘记疲劳,但不堪与《风》《雅》相比。而对于词人的优劣,张说认为,韩休之文辞,如肉汁美酒,虽然雅致规范,但较少滋味。许景先之文,如女子的嫩滑肌肤,虽美丽可爱,却少了风骨。张九龄之文,如轻薄的素绢,正好为当世所用,可是少了些润饰。王翰之文,如琼杯玉盏,虽灿烂可珍,却多有瑕疵。

15. 仆数月来,检讨囊帙中,得新旧诗,各以类分,分为卷目。自拾遗来,凡所遇所感,关于美刺兴比者,……谓之讽谕诗。又或退公,或卧病闲居,知足保和,吟玩性情者一百首,谓之闲适诗。……大丈夫所守者道,所待者时。时之来也,为云龙,为风鹏,勃然突然,陈力以出;时之不来也,为雾豹,为冥鸿,寂兮寥兮,奉

身而退。进退出处，何往而不自得哉？……谓之讽谕诗，兼济之志也；谓之闲适诗，独善之义也。（《旧唐书·白居易传》）

  白居易是唐朝大诗人，既身居朝堂参政理国，又钟情山水田园，他创作的诗歌颇多。白居易曾经将自己创作的诗歌进行分类整理，其中有所谓讽谕诗、闲适诗等。讽谕诗是通过描写所遇所感，寄寓时事之慨。闲适诗往往是在卧病闲居、退隐知足保身之时写成。白居易的诗作反映出他进退自如的生活理念，正所谓"大丈夫所守者道，所待者时。时之来也，为云龙，为风鹏"，"时之不来也，为雾豹，为冥鸿，寂兮寥兮，奉身而退"。进退出处，自得其乐。大丈夫处世，进可安天下，退可安自身。隐退致仕就无挂无碍、进退自如，身居朝堂就兼济天下，所以讽谕诗与闲适诗，乃是各有所得所用。

16. 足下又以江南士大夫为无能文者，而李泰伯、曾子固豪士，某与纳焉。（王安石《答王景山书》）

  王安石在致友人信中提到李泰伯和曾子固，即李觏和曾巩，称他们为豪士，而且表示他们的思想被自己采纳运用。王安石写道："安石愚不量力，而唯古人之学，求友于天下久矣。"这表明王安石的开放包容态度。王安石并不认同将江南士大夫一概而论为"无能文者"的观点，他深知地域并不能决定一个人的才能，每个地方都有杰出的人才，这种看法体现了他对人才的客观评价和公正态度，也展现了他思想的包容性。

17. 苏轼叙其文曰："论大道似韩愈，论事似陆贽，记事似司马迁，诗赋似李白。"识者以为知言。（《宋史·欧阳修传》）

　　苏轼在为欧阳修文集作序时谈道：欧阳修的论道之文与韩愈相似，论事之文与陆贽相似，记事之文与司马迁相似，诗词歌赋又与李白相似。从苏轼的这番评论中可以看出，欧阳修的文章风格多样，内容丰富，而且兼具众家所长。

第五章

上德若谷的处世之道

中国传统文化倡导"上德若谷"的处世之道，体现出与人为善的道德精神。儒家的"忠恕之道"谆谆教导人们"己所不欲，勿施于人""己欲立而立人，己欲达而达人。能近取譬，可谓仁之方"（《论语》），做人要"仁"，"与人为善"（《孟子》）。道家主张德善德信，所谓"圣人无常心，以百姓心为心。善者，吾善之；不善者，吾亦善之，德善""上德若谷"（《老子》）。佛家主张持戒修福，慈心无怨，佛家的慈悲精神与中国传统道德文化杂糅共生。中国古代的思想家，皆以"为善之道"作为其伦理价值取向，在社会生活中，认为"大足以容众，德足以怀远"（《淮南子》），需要近取其譬，推己及人，大道容众。中国历史上有许多这样"宽裕不訾"

(《吕氏春秋》）的"国士"风范，他们"只是一个断断无他技，休休如有容而已"（王守仁《与黄宗贤》），他们为人宽厚，对于人的过失能予以包涵，认为只是"大醇而小疵"（韩愈《读荀子》），"白玉微瑕""小疵不足以妨大美"（《贞观政要》）。因此"夫人之相知，贵识其天性，因而济之。禹不逼伯成子高，全其长也；仲尼不假盖于子夏，护其短也"（嵇康《与山巨源绝交书》）。史籍中有很多这样的记载，如直不疑偿金（《史记》）、朱冲送牛（《晋书》）、任迪简呷醋（《旧唐书》）等典故，都反映出这种与人为善的道德情操。在中国传统文化中，"上德若谷"的处世之道已经成为重要的基因，锻造了中华民族独特的道德气质和民族性格。

第一节　能近取譬　大道容众

1. 夫仁者，己欲立而立人，己欲达而达人。能近取譬，可谓仁之方也已。（《论语·雍也》）

儒家主张忠恕之道。"忠"即孔子所说的"己欲立而立人，己欲达而达人"，朱熹所说的"以己及人，仁者之心也"。儒家提倡一种和谐的人际氛围，主张人们在处理群己关系时要懂得自我约束，尽量履行自己的义务或责任，从而达到"仁"的道德境界。儒家既提倡"忠"，也主张"恕"，恕道是指人们之间要相互尊重，对他人容忍宽容，能设身处地，推己及人。从人与人的同理心而言，"恕"即"己所不欲，勿施于人"（《论语·卫灵公》)，也可称为道德的底线原则。因此，儒家的忠恕之道是积极伦理与消极伦理的统一，既倡导积极的道德行为，也蕴含起码的"不作为"，在此基础上，儒家希望能营造美好和谐世界。忠恕之道以推己及物、以己度人为核心思想，是"平天下之要道"，即儒家的治国平天下之道。

2. 君子敬而无失，与人恭而有礼。四海之内，皆兄弟也。君子何患乎无兄弟也？（《论语·颜渊》）

这段话反映了儒家的处世之道。儒家主张仁义之道，认为"仁德"的确立是人生的重要价值目标，儒者将圣贤的人格作为自己毕生追求的理想境界。儒家认为，人们可以在现实生活的经验层面上，去体会和感受以道德为基础的天地浑然一体的和谐境界，这也正是人的"仁德"的价值本性的体现。由己及人，推而广之，将这种仁爱的道德情感扩展到所有人，形成无限亲和的关系。

3. 圣人以此洗心，退藏于密，吉凶与民同患；神以知来，知以藏往。（《周易·系辞》）

"退藏于密"蕴含深刻的易理，大道深邃而无形，能与民同藏，共吉凶，可包容万物。圣人可以此来洗涤心灵，与世共济。

4. 上德若谷，大白若辱，广德若不足，建德若偷，

质真若渝。(《老子》四十一章)

道家提倡自然无为之道，大道包容万物，所以道家主张无为不争、宽容处下、上德若谷。道家的虚静无为思想，既是他们对儒家学说的一种挑战，也是对自然之道的一种揭示。他们认为，天之道利而不害，而圣人之道"为而不争"，所以，道家的无为之道，其实也就是"为而不争"，不是不为，而是处下不争，不争也不是懦弱，而是因为不争也"莫能与之争"，这是道家基于对强弱、高下、贵贱关系的深刻认识而得出的自然之道。正所谓上德若谷，具有这样品德的人有着如山谷般开阔的心胸，能宽容地对待与容纳世间万物。

5. 含德之厚，比于赤子。蜂虿虺蛇不螫，猛兽不据，攫鸟不搏。骨弱筋柔而握固，未知牝牡之合而全作，精之至也。终日号而不嗄，和之至也。知和曰常，知常曰明，益生曰祥，心使气曰强。物壮则老，谓之不道，不道早已。(《老子》五十五章)

王弼对这段话作了详细注释。他对"含德之厚，比于赤子。蜂虿虺蛇不螫，猛兽不据，攫鸟不搏"作注曰："赤子，无求无欲，不犯众物，故毒螫之物无犯于人也。含德之厚者，不犯于物，故无物以损其全也。"对"未知牝牡之合而全作"句作注曰："作，长也。无物以损其身，故能全长也。言含德之厚者，无物可以损其德、渝其真。柔弱不争而不摧折，皆若此也。"王弼还对"精之至也。终日号而不嗄"作注曰:"无争欲之心,故终日出声而不嗄也。"也就是说,人若如赤子含德之厚,无争欲之心,不犯于物,反而能容物,以德报怨,那么无物可以损其德,无物可以损其全。

6. 圣人无常心,以百姓心为心。善者,吾善之;不善者,吾亦善之,德善。信者,吾信之;不信者,吾亦信之,德信。圣人在天下歙歙,为天下浑其心。圣人皆孩之。(《老子》四十九章)

　　道家强调德化,主张圣人以慈爱无私之心去感化大众,无论是善还是不善之人,都要善待,以自己的德善德信去感染他人。道家主张人生在世应清静无为、清心寡欲,并以空明虚寂之心来对待万事万物,因此,有德之圣人应具有慈爱精神,而且不计较自身之私利,正所谓"圣人无常心,以百姓心为心"。汉朝《老子道德经河上公章句》对此段话作注曰:"圣人重改更,贵因循,若自无心。""百姓心之所便,圣人因而从之。""百姓为善,圣人因而善之。""百姓为不善,圣人化之使善也。""百姓德化,圣人为善。""百姓为信,圣人因而信之。""百姓为不信,圣人化之使信也。""百姓德化,圣人为信。""圣人在天下怵怵常恐怖,富贵不敢骄奢。"总之,圣人无私心,能以自己的纯善之德行去感化不善之人。

7. 故君子之度己则以绳，接人则用抴。度己以绳，故足以为天下法则矣。接人用抴，故能宽容，因求以成天下之大事矣。故君子贤而能容罢，知而能容愚，博而能容浅，粹而能容杂，夫是之谓兼术。（《荀子·非相》）

儒家重视德性修养，荀子在这里所讲的"兼术"，其实也是儒家道德思想的反映。他强调"接人用抴"，认为君子度己，就要以画直线的绳墨一样的标准不折不扣地要求自己，这样就足以成为天下的法则。君子对待别人就像用舟楫接人一样，要对人包容，如果能有如此宽容的胸怀，那么天下之事皆可成。因此君子应懂得处世之"兼术"，"贤而能容罢，知而能容愚，博而能容浅，粹而能容杂"。

8. 凡道，必周必密，必宽必舒，必坚必固。（《管子·内业》）

道体覆天载地，通达四面八方，深不可测，包裹天地。道无为无形，可得而不可见，自本自根，自古以固存，生天生地。而万物以道为根本，德也是以道体为依据的，因此要体认大道，就要具备宽厚包容的德性。

9. 大足以容众，德足以怀远，信足以一异，知足以知变者，人之英也。（《淮南子·泰族训》）

《淮南子》中指出，所谓人中之英才，应是"大足以容众，德足以怀远，信足以一异，知足以知变者"，他们能体悟天道，通达人情，心胸广大，豁达大度，懂得容人之道。这样的人才堪称人中龙凤。

10. 以责人之心责己则尽道，……以爱己之心爱人则尽仁，所谓"施诸己而不愿，亦勿施于人"者也；……此君子所以责己、责人、爱人之三术也。（张载《正蒙·中正篇》）

张载是北宋时期著名的儒家学者，他的"横渠四句"，即"为天地立心，为生民立命，为往圣继绝学，为万世开太平"，脍炙人口，千古流传，生动地诠释了儒家的人生价值观。张载在著作中阐释了儒家的仁道，认为君子应以爱己之心爱人，以责人之心责己，要懂得克己自律，己所不欲勿施于人，注重修身养性，不断提升道德素养。张载在《西铭》中还提出"民胞物与"的思想，并以"民吾同胞，物吾与也"思想为基础，不断延展个体之爱到共同之爱，尊高年、长其长，慈孤弱、幼吾幼，体现出儒家以天下为己任的道德追求及宽广胸怀。

第二节　与人为善　休休有容

1. 取诸人以为善，是与人为善者也。故君子莫大乎与人为善。（《孟子·公孙丑上》）

这段话中包含了成语"与人为善"，现在引申为善意地对待他人或者帮助他人。

2. 孔子将行，雨而无盖。门人曰："商也有之。"孔子曰："商之为人也，甚吝于财。吾闻与人交，推其长者，违其短者，故能久也。"（《孔子家语·致思》）

孔子正要出门，不巧这时下起雨来，可是孔子没有车盖，门人说孔子的弟子卜商家里有，可以向他去借。

孔子却不同意,因为他知道卜商为人十分小气,特别吝惜钱财,而且与人相交,要避其短处,这样才能长久。

3. 方舟而济于河,有虚船来触舟,虽有偏心之人不怒;有一人在其上,则呼张歙之;一呼而不闻,再呼而不闻,于是三呼邪,则必以恶声随之。向也不怒而今也怒,向也虚而今也实。人能虚己以游世,其孰能害之!(《庄子·山木》)

《庄子·山木》中讲述了这样一个故事:有人坐船渡河,突然有条空船碰撞过来,即使心地最偏狭、性子最暴躁的人也不会发怒。但倘若有一个人在那条船上,那就会大声呼喊呵斥来船后退,呼喊第一次没有回应,呼喊第二次也没有回应,于是呼喊第三次,那就必定会骂声不绝。刚才不发脾气而现在发起怒来,那是因为刚才船是空的而现在却有人在船上。在庄子看来,只要放空自己的船,就能够远离烦恼,就不会与别人发生碰撞与冲突,自然就会免于痛苦,这就是庄子经典的"空船理论"。庄子其实在教人们一种处世之道,即"人能虚己以游世,其孰能害之"。圣人能懂得行大道,循本性,不谋取贪欲的满足,不陷入名利纷争,恬淡安宁,物我两忘,这样就能不蹈险地,不入危局,洞明世间人我两安之道。

4. 宽裕不訾而中心甚厉,难动以物而必不妄折。

此国士之容也。（《吕氏春秋·士容》）

"宽裕不訾"是指胸怀宽广，不随意诋毁、伤害他人。《吕氏春秋》的《士容》篇指出"宽裕不訾"是国士的仪容风范，只有这种胸怀宽广的品德高尚之人，才会展现出这种国士风度。

5. 夫彼以恶来，我以善应，苟心非木石，理无不感。（郗超《奉法要》）

东晋大臣郗超曾作《奉法要》，主张"彼以恶来，我以善应"。佛教强调人应有慈悲心，只有真正具备慈悲之心，才有可能做到无怨无嗔、宽恕忍受。修行者如果缺少大慈大悲之心，就不能度己，更不能度人。佛家主要强调行善，甚至能以德报怨，以德来感化人。

6. 于时苻坚强盛，……朝廷求文武良将可以镇御北方者，安乃以玄应举。中书郎郗超虽素与玄不善，闻而叹之，曰："安违众举亲，明也。玄必不负举，才也。"时咸以为不然。超曰："吾尝与玄共在桓公府，见其使才，虽履屐间亦得其任，所以知之。"（《晋书·谢玄传》）

这个故事在《世说新语》中也有类似记述："郗超与谢玄不善。……元功既举，时人咸叹超之先觉，又重其不以爱憎匿善。"郗超和谢玄素来不和。当时前秦苻坚强大，多次侵犯东晋边境，于是朝廷寻求可以镇守北方边境的文武良将，谢安便举荐了谢玄。郗超虽然与谢玄的关系一直不好，但闻知此事后却大加赞叹，说谢安不顾众人非议而举荐亲属，是明智的，谢玄定会不辜负举荐，因为他的确有才干。当时众人都不以为然，郗超却肯定地说，谢玄知人善用，一定能建立功勋。谢玄立大功后，众人都感叹郗超有先见之明，又敬重他"不以爱憎匿善"，不因个人喜恶而漠视别人的长处。

7. 家富于财，躬处节俭，每以振施为务。州里有丧事不办者，士谦辄奔走赴之，随乏供济。有兄弟分财不均，至相阋讼，士谦闻而出财，补其少者，令与多者相埒。兄弟愧惧，更相推让，卒为善士。有牛犯其田者，士谦牵置凉处饲之，过于本主。望见盗刈其禾黍者，默而避之。其家僮尝执盗粟者，士谦慰谕之曰："穷困所致，义无相责。"遽令放之。（《隋书·李士谦传》）

李士谦为人十分善良，常常行善积德，当别人遇到困难时，他常予以救济施舍。听闻州里有兄弟因分财不均而打官司，李士谦就出钱贴补，兄弟俩为此感到羞愧不安，反而变得相互推让，从此成了善人。别人家的牛闯进他家的田里，李士谦就把牛牵到阴凉处饲养，比主人饲养得还好。看到有人偷割他家稻麦，李士谦就默默避开。家里的僮仆抓住一个小偷，李士谦却说是穷困所致，不能责怪，马上命人把他放走。

8. 菩萨兴行，救济为先；诸佛出世，大悲为本。(释道世《法苑珠林·慈悲篇·述意部》)

唐代僧人释道世在《法苑珠林·怨苦篇·八苦部》中谈到人生八大苦，即生、老、病、死、恩爱别离、所求不得、怨憎会、忧悲，无论哪种苦，都是人们自身无法免除的。佛教认为，佛以慈悲为本，以普度众生为怀，以救济为先，帮助世人了却烦恼。释道世所认为的理想人格，就是救度众生。

9. 弟曰："人有唾面，洁之乃已。"师德曰："未也。洁之，是违其怒，正使自干耳。"(《新唐书·娄师德传》)

娄师德在其弟赴任之前谆谆告诫，即使有人把口水吐在他脸上，也要忍耐，不要发火，不必把口水擦掉，让它自己干掉就好了。这就是成语"唾面自干"的来源，其意引申为即使遭到别人的羞辱，也能忍耐、包容。

10. 士之致远，先器识，后文艺。(《新唐书·裴行俭传》)

裴行俭知人善用，他非常重视人的宽容的品德，认为人要有器量见识，这种品德对人的发展是至关重要的。《新唐书》中记载了这样一个故事：李敬玄曾大力推荐王勃、杨炯、卢照邻、骆宾王，认为他们都是难得的人才。裴行俭却不以为然，他认为"士之致远，先器识，后文艺"，即考察一个人有没有发展前途，要先看这个人的器量见识，文学技艺还在其次。据史料记载，裴行俭的眼光确实比较独到，他看重的人才基本上能堪大任。

11. 人在仕途，比之退处山林时，其工夫之难十倍，……凡人言语正到快意时，便截然能忍默得；意气正到发扬时，便翕然能收敛得；愤怒嗜欲正到腾沸时，便廓然能消化得：此非天下之大勇者不能也。然见得良知亲切时，其工夫又自不难。……古之所谓大臣者，更不称他有甚知谋才略，只是一个断断无他技，休休如有容而已。（王守仁《与黄宗贤》）

明代哲学家王阳明主张"心学"，即对道德本体的认识要深入到人的内心。他认为内外无分别，良知是本体，从伦理道德理论和实践来说，修养内心是最重要的功夫，并主张在事中去磨炼人心，为善去恶。在他的"四句教"中，可充分体会到他对人的道德良知的推崇，即：无善无恶是心之体，有善有恶是意之动；知善知恶是良知，为善去恶是格物。王阳明在《与黄宗贤》中提出了"三得"，即"忍默得""收敛得""消化得"，这是难得的处世功夫，只有致良知、心胸开阔、勇于包容的圣贤之人，才能真正做到。古代所谓的大贤臣，他们的智谋才略并不是最突出的，但他们都有宽广的心胸、豁达的气度，视天地万物为一体的精神境界。

12. 又闻而不怒，虽谗焰熏天，如举火焚空，终将自息；闻谤而怒，虽巧心力辩，如春蚕作茧，自取缠绵。怒不惟无益，且有害也。其余种种过恶，皆当据理思之。此理既明，过将自止。（袁了凡《了凡四训》）

人与人相处，常常会因为别人的一些言行而动怒，但了凡先生却劝人忍耐。他说，听到别人说的坏话不要动怒，因为即使是谗焰熏天，也终将燃烧殆尽，自动熄灭。听到别人的诽谤就勃然大怒，即使想尽办法解释辩解，结果也只能是越描越黑，作茧自缚。生气动怒不仅没有好处，而且是有害的。因此遇到令人难以忍耐的事情时，要学会冷静地思考，让自己有一个宽容的胸怀，以心平气和的态度来处理问题，不要轻易动怒和生气。

13. 吾辈处末世，勿以己之长而盖人，勿以己之善而形人，勿以己之多能而困人。收敛才智，若无若虚，见人过失，且涵容而掩覆之：一则令其可改，一则令其有所顾忌而不敢纵。见人有微长可取、小善可录，翻然舍己而从之，且为艳称而广述之。（袁了凡《了凡四训》）

了凡先生在谈到人的处世之道时指出，人在社会生活中千万"勿以己之长而盖人，勿以己之善而形人，勿以己之多能而困人",因为这样会招致嫉恨,徒惹灾殃而不自知。与人相处要懂得收敛才智,隐藏锋芒,看到他人的过失,能包涵容忍,并且帮他掩盖:既让他有改正错误的机会,也使他有所顾忌而不至于放纵自己。看到他人有一点长处,哪怕是很微小,也要广为传扬。由此可见,了凡先生强调用包容的态度对待别人,隐人之恶,扬人之善。

第三节　大醇小疵　大肚能容

1. 管仲夷吾者，……少时常与鲍叔牙游，鲍叔知其贤。管仲贫困，常欺鲍叔，鲍叔终善遇之，不以为言。……管仲曰："……生我者父母，知我者鲍子也。"（《史记·管仲晏婴传》）

"管鲍之交"这个成语源自管仲与鲍叔牙之间的深厚友谊。管仲曾经和鲍叔一起经商，由于贫困经常会多拿些钱财，但鲍叔并不认为他贪财。管仲经常把事情办得很糟糕，但鲍叔不认为他愚蠢。管仲做官屡次遭免职，但鲍叔不认为他没有才干。管仲曾多次战败逃跑，但鲍叔并不认为他胆小。凡此种种，都表明果真如管仲所说"生我者父母，知我者鲍子也"。

2. 桓公之中钩，详死以误管仲，……鲍叔牙曰："臣幸得从君，君竟以立。君之尊，臣无以增君。君将治齐，即高傒与叔牙足也。君且欲霸王，非管夷吾不可。夷吾所居国国重，不可失也。"……桓公厚礼以为大夫，任政。（《史记·齐太公世家》）

齐桓公与管仲曾有深仇大恨，但在鲍叔牙的劝说之下，桓公能不计前仇，起用管仲为相，因而称霸天下。鲍叔牙说，如果想成就霸王之业，没有管仲不行，管仲所在之国，其国必强，不能失去这个人才。因此，尽管管仲曾经射中齐桓公的带钩，齐桓公也一笔带过，不与计较，显示出谅人之过的容人雅量，终成霸业。

3. 王怪而问之曰："寡人未尝有异于子，子何为于寡人厚也？"对曰："臣先殿上绝缨者也。当时宜以肝胆涂地。负日久矣，未有所效。今幸得用于臣之义，尚可为王破吴而强楚。"（《韩诗外传》）

"绝缨者言"是一个典故，出自这样一个故事：有一次楚庄王举行宫宴宴请群臣，在宴会之中，突然一阵大风，把灯都给吹灭了。这时众人都已酒至半酣，楚庄王的宠妃却在此时向庄王告发说有人趁机调戏了她，并且她已经把此人的冠缨拔下，让王上赶紧点灯捉拿此人。楚庄王听了，却让所有人拔下冠缨，之后才把灯点亮。正是因为楚庄王待下以恕，才有后来殿上绝缨者多次的舍命相报。楚庄王的宽大胸襟及恕人之过的善行，收服了臣下的心。

4. 汉五年正月，徙齐王信为楚王，都下邳。信至国，……召辱己之少年令出胯下者以为楚中尉。告诸将相曰："此壮士也。方辱我时，我宁不能杀之邪？杀之无名，故忍而就于此。"（《史记·淮阴侯传》）

韩信当年遭受了胯下之辱，但是后来他并没有睚眦必报，而是不计前嫌，以礼相待。韩信被封为楚王之后，回到了下邳，召见了曾经让自己受到胯下之辱的年轻人。韩信不仅没有惩治这个人，反而让他做了中尉，韩信还告诉将士们说："这位壮士就是当初侮辱我的人，我难道不能杀死他吗？但杀之无名，而且正是因为忍受了当日一时的胯下之辱，才成就了如今的我。"

5. 塞侯直不疑者，……其同舍有告归，误持同舍郎金去，已而金主觉，妄意不疑，不疑谢有之，买金偿。而告归者来而归金，而前郎亡金者大惭，以此称为长者。（《史记·万石张叔传》）

直不疑在汉文帝的时候，曾经担任郎官。有一次，他的同房郎官中有人请假回家，但是这个人错拿了另外一个郎官的黄金。当黄金的主人发现丢失了黄金之后，便胡乱猜疑说是直不疑干的。对此，直不疑没有作任何辩驳，而是买来了同等的黄金，交给了失主。过了几天，请假回家的郎官返回,把错拿的黄金交还给了失主。这个丢失黄金的郎官十分惭愧,向直不疑道歉,直不疑十分大度,没有任何怨言。因此,远近的人都称赞直不疑是个忠厚的人。

6. 少有至行,闲静寡欲,……邻人失犊,认沖犊以归,后得犊于林下,大惭,以犊还沖,沖竟不受。有牛犯其禾稼,沖屡持刍送牛而无恨色。主愧之,乃不复为暴。(《晋书·朱沖传》)

朱沖从小品行好,闲静寡欲。有一次邻居丢了小牛,硬说朱沖的小牛是他的,并牵回了家。后来他发现自家的小牛还在林子里,并没有丢失,于是非常惭愧,将小牛还给朱沖,但朱沖竟然不要。有一次别人家的牛吃了朱沖家的庄稼,他却拿青苗喂给牛吃,并没有表现出不高兴的样子,反而是牛的主人感到惭愧,从此再也不好意思让牛去祸害别人的庄稼了。

7. 性重厚,尝有军宴,行酒者误以醋进,迪简知误,以景略性严,虑坐主酒者,乃勉饮尽之,而伪容其过,以酒薄白景略,请换之,于是军中皆感悦。及景略卒,众以迪简长者,议请为帅。(《旧唐书·任迪简传》)

任迪简性格沉稳宽厚,曾有一次军中举行宴会,斟酒的人误上了醋,任迪简明知是醋,但考虑到李景略治军严厉,斟酒的人可能会因此遭受严厉的惩处,于是他勉强全部喝完,且伪装成喝了酒的样子来掩饰他人的过失,同时又以酒浓度不够为由,请求景略把"酒"换掉。他的举动让众人感动,于是三军都为他所折服。后来等到景略去世,大家认为迪简有长者之德,皆推举他为统帅。

8. 孟氏醇乎醇者也;荀与扬,大醇而小疵。(韩愈《读荀子》)

战国时的荀卿和孟轲,东汉时的扬雄,都是有名的儒者。韩愈对《荀子》颇有研究,写了篇《读荀子》的文章,文中对荀卿、孟轲、扬雄都进行了评论。他认为,孟轲的学说就像不掺水的酒,十分醇粹,没有一点杂质。虽然荀卿与扬雄的学说也是很醇粹的,但还是有点小毛病。

9. 古之君子,其责己也重以周,其待人也轻以约。重以周,故不怠;轻以约,故人乐为善。(韩愈《原毁》)

古代的君子,要求自己严格而周密,对待别人宽容而简约。对自己要求严格而周密,就需要不断地进行道德修养;对他人宽容而简约,人们就乐于与他相交。这是韩愈所提倡的君子交友处世原则。责己重以周,严于自律,才能永不懈怠,奋发向上。待人轻以约,与人为善,"故人乐为善"。

10. 小人非无小善，君子非无小过。君子小过，盖白玉之微瑕；……白玉微瑕，善贾之所不弃，小疵不足以妨大美也。(《贞观政要·公平》)

魏徵向皇帝上疏说，小人不是没有小善，君子不是没有小过。人无完人，即使是君子，也会犯错误，但君子的过失，就像白玉上的小瑕疵，"小疵不足以妨大美也"。

11. 蒙正初入朝堂，有朝士指之曰："此子亦参政耶？"蒙正阳为不闻而过之。同列不能平，诘其姓名，蒙正遽止之曰："若一知其姓名，则终身不能忘，不若毋知之为愈也。"时皆服其量。(《宋史·吕蒙正传》)

吕蒙正刚进入朝堂之时，有位朝臣指着他说："这个人也是参政吗？"吕蒙正听到了他的话，但是假装没有听见，走了过去。身旁的同僚都为他打抱不平，并想去查问此人的姓名。吕蒙正急忙制止，并说："如果知道他的姓名，就会终生不能忘记，那还是不知道为好。"大家听了都佩服他有度量。

12. 夫人之相知，贵识其天性，因而济之。禹不逼伯成子高，全其长也；仲尼不假盖于子夏，护其短也。近诸葛孔明不迫元直以入蜀，华子鱼不强幼安以卿相，此可谓能相终始，真相知者也。(嵇康《与山巨源绝交

书》)

与人相知相交，贵在了解别人的性格，不是要让别人适应自己，而是要彼此成全。就像夏禹不逼迫伯成子高当诸侯，是成全他的长处，是相知；孔子不向子夏借伞盖，是护其短，是相知。诸葛亮不逼迫徐庶到蜀国，华歆不勉强管宁当卿相，也是相知。这种"全其长""护其短"的相知才是能善始善终的相知，这样的关系才能长长久久。

13. 狄仁傑未辅政，师德荐之，及同列，数挤令外使。……已而叹曰："娄公盛德，我为所容乃不知，吾不逮远矣！"（《新唐书·娄师德传》）

娄师德为人宽厚，他曾推荐狄仁傑担任宰相，但狄仁傑当了宰相后，却丝毫不知是娄师德的举荐之功，还多次排挤他，让他去外地任职。有一天，武则天问狄仁傑："娄师德贤明吗？"狄仁傑回答道："娄师德担任将领是谨慎守职的，至于是否贤明，那就不知道了。"武则天又问他："娄师德知人吗？"狄仁傑说："没听说过他知人。"武则天这时告诉狄仁傑，是娄师德举荐了他，并且拿出当初娄师德举荐他的奏章。这让狄仁傑十分惭愧，感叹娄公盛德，自己被他宽容相待却不知道，娄公的高德雅量让人望尘莫及。

第六章

求同存异的政治智慧

  中国古代思想家基于对同异关系的认识,提出"异所以安同也,同所以危异也"(《吕氏春秋》),"上下之益,在能相济"(《三国志》)的观点。强调求同存异,认为"宽则得众"(《论语》),主张"极群下之知,尽天下之美"(《汉书》)。在治国理政中重视"广询致治,博采兴功"的君王之道,认为"非广询无以致治""非博采无以兴功"(《魏书》),至圣之人能居上位,应临下以恕,所谓"上不宽大包容臣下,则不能居圣位"(《汉书》),"王者不却众庶,故能明其德"(《史记》)。"自古明王圣主,皆虚心纳谏,以知得失,天下乃安"(《周书》),所以治国安邦要"博采其辞,乃择可观"(《说苑》)。尽管国家治理事务繁杂，不同地域、民族、思想、风俗各有差异，但古代历史上采取因俗制宜治理方针的事例，在史籍中比比皆是：《史记》说"圣人观乡而顺宜，因事而制礼，所以利其民而厚其国也"，《魏书》说"修其教不改其俗，齐其政不易其宜"，《金史》说"自今本国及诸色人，量才通用之"，《辽史》说"因俗而治，得其宜矣"，《元史》说"因其俗而柔其人"。这些因俗而制宜的做法，实际上是基于求同存异原则而采取的治国方略，也是一种政治智慧。

第一节 同则相亲 异则相敬

1. 乐者为同，礼者为异。同则相亲，异则相敬。乐胜则流，礼胜则离。合情饰貌者，礼乐之事也。……礼者别宜，……故圣人作乐以应天，制礼以配地。礼乐明备，天地官矣。（《礼记·乐记》）

中华民族是礼仪之邦，儒家主张以礼治天下，重视礼乐教化，通过礼乐文化来治国安邦，使人体认天道，修身养性。所谓"乐者为同，礼者为异"，是说从乐和礼的作用上来看，音乐强调协调，礼制重视伦常有序，实行礼乐教化，就必须促进二者的统一，它们之间是相辅相成的，正所谓"同则相亲，异则相敬"。

2. 子曰："君子周而不比，小人比而不周。"
（《论语·为政》）

孔子用对比的方法论述了怎样辨别君子和小人。君子与小人的区别在于君子为人处世顾全大局而不损人利己，和绝大多数人都能友好相处。君子讲团结而不去和人勾结，小人则互相勾结而不讲团结。

3. 子曰："君子和而不同，小人同而不和。"
（《论语·子路》）

人与人之间应该"和而不流"，即人与人之间虽应和谐相处，却不能随波逐流。孔子曾说："君子矜而不争，群而不党。""群"虽然是数量的聚集和集合，但也绝不是乌合之众或一盘散沙。朱熹对"群而不党"作注："和以处众曰群。然无阿比之意，故不党。""群"虽然是有一定规模的人的集合体，但如果拉帮结派为私利而互相攻击，即使有形式上的群存在，实质上群也将不群、国也将不国。因此君子与人相处讲究"和而不同"，小人却是"同而不和"。

4. 自其异者视之，肝胆楚越也；自其同者视之，万物皆一也。（《庄子·德充符》）

若从差异上来看，即使像肝与胆这样接近也会变得像楚国与越国那样相距遥远。若从相同的方面来看，万事万物都相差无几,几乎是同一的。在庄子看来,大小是相对的,长短是相对的,同异也是相对的。其实也可以说,事物的差异性是同一的基础,可以从同一的层面上将如楚、越般遥远的万物联结起来。即"自其同者视之,万物皆一也",道可包容万物。

5. 若使天下兼相爱,国与国不相攻,家与家不相乱,盗贼无有,君臣父子皆能孝慈,若此则天下治。故圣人以治天下为事者,恶得不禁恶而劝爱?故天下兼相爱则治,交相恶则乱。(《墨子·兼爱》)

墨子的学说,宗旨是"兴天下之利,除天下之害"。墨子的政治论,是以兼爱说为中心而展开的。兼爱是墨子哲学的中心概念。兼爱是指天下人都应该同等地、无差别地去爱一切人。墨子反对交相别,把"别"看作天下祸害的根源。他主张去除贫富贵贱、亲疏远近的区别,爱人如己,无所偏私,主张无差别的爱,在君臣、父子、兄弟、社会、国家关系上强调相互平等的关爱。墨子认为要使天下得到善治,一定要"兼爱","兼爱"是仁义之人治理天下的原则。

6. 同则不继。……若以同裨同,尽乃弃矣。故先王以土与金木水火杂,以成百物。……于是乎先王聘后于异姓,求财于有方,择臣取谏工而讲以多物,务和同也。声一无听，物一无文，味一无果，物一不讲。王将弃是类也而与剸同，天夺之明，欲无弊，得乎？
(《国语·郑语·史伯为桓公论兴衰》)

从世界万物的存在与发展来看，事物往往是相辅相成的，故先王"以土与金木水火杂，以成百物"。同则不继，阴阳相生，异味相合。万物有同有异，异是必要因素，有异才有和，无异则无和。因此，"同则不继"蕴含着求同存异的深刻道理，体现治国的政治智慧。

7. 金木异任，水火殊事，阴阳不同，其为民利一也。故异所以安同也，同所以危异也。(《吕氏春秋·处方》)

金木各有用处，水火有不同的特性，阴阳相反，但是并不能因此而否认它们存在的作用与意义。对于国家而言，在治国理政中应认识到事物之间的差异，并能正确地加以区分，从而保持社会的井然有序，否则就会引起天下大乱。不讲人伦纲常，国家治理没有秩序条理，这是极为危险的。

8. 夫覆巢毁卵，则凤凰不至；刳兽食胎，则麒麟不来；干泽涸鱼，则龟龙不往。物之从同，不可为记。……同则来，异则去。(《吕氏春秋·应同》)

如果把鸟巢捣毁、鸟卵毁掉，那么凤凰就不会再来。如果剖开兽腹、吃掉兽胎，那么麒麟就不会再来。如果把池泽弄干、让鱼都渴死，那么龟龙就不会再来。世间种种类似的事情实在太多，难以尽述。世间万物有同异相合之理，如果不懂得求同存异的道理，那么即使再尊贵的君王，也不能使臣民心悦诚服，父子关系再亲近，子女也难以听从。所以对不同的人与事，不能简单、粗暴地对待，即不能"覆巢毁卵""剖兽食胎""干泽涸鱼"，要懂得"同则来，异则去"的道理。

9. 今陛下并有天下，海内莫不率服，广览兼听，极群下之知，尽天下之美，至德昭然，施于方外。夜郎、康居，殊方万里，说德归谊，此太平之致也。(《汉书·董仲舒传》)

汉武帝时，董仲舒经常向皇帝进谏。在一次朝廷策问之中，董仲舒再次向皇帝进言，劝谏皇上广览兼听，施恩德于四方，从而使天下归心，四海升平，国泰民安。

10. 夫和羹之美，在于合异，上下之益，在能相济。(《三国志·诸夏侯曹传》)

天下之大，无奇不有，国家治理，事务繁杂，千头万绪，要面对不同的人和处理不同的问题。但就如老子所说，"治大国若烹小鲜"，一盆鲜美的菜肴需要将各种食物或调料等合理搭配使用，才会有好的味道。

第二节　广询致治　博采兴功

1. 昧昧我思之，如有一介臣，断断猗，无他技，其心休休焉，其如有容。人之有技，若己有之；人之彦圣，其心好之，不啻如自其口出。是能容之，以保我子孙黎民，亦职有利哉！人之有技，冒疾以恶之；人之彦圣而违之，俾不达。是不能容，以不能保我子孙黎民，亦曰殆哉！（《尚书·周书·秦誓》）

秦穆公在拒不纳谏、出师惨败以后非常后悔，感到自责。穆公深有感慨地说，以前拒不接受蹇叔苦谏而去攻打郑国，结果遭遇惨败。所以，如果心胸宽广，有容物的雅量，别人有什么能耐，就好像自己有能耐一样，看到别人才高智大、英明果断，就真心喜欢，并不只是出于口头上的赞扬，那么，这样的人是完全能够被接纳并重用的，这样的人才有利于保国安民。穆公还批评了妒才违圣的小人，并且明确表示不能接纳，因为这样的人将不利于国家、不利于百姓。所以，通过秦穆公的这番反省，可知具有容人雅量、包容气度的人是可堪重用的治国良才。

2. 唯天下至圣，为能聪明睿知，足以有临也；宽裕温柔，足以有容也；……溥博渊泉，而时出之。溥博如天，渊泉如渊。……是以声名洋溢乎中国，施及蛮貊。（《中庸》）

儒家主张中庸之道，认为只有天下至圣才能达到道德的最高境界。天下至圣是聪明睿智的贤人，居上位而能宽大为怀地对待天下人；他是宽裕温柔的人，胸怀开阔足以容天下人。圣人的德行"溥博如天，渊泉如渊"，博大且深厚。如果有这样的圣主治理天下，那么他的声名将传扬到四海，即使万里之外的蛮貊之地也能感受到圣人的恩德。

3. 恭、宽、信、敏、惠。恭则不侮，宽则得众，信则人任焉，敏则有功，惠则足以使人。（《论语·阳货》）

子张问仁于孔子，孔子说，能行五者于天下，为仁矣，此五者即恭、宽、信、敏、惠。孔子在这里谈仁的时候，强调"宽则得众"，也就是说，待人宽容就能得人心，宽容是仁者的重要品德。

4. 对曰："勿已，则隰朋可。其为人也，上忘而下不畔，愧不若黄帝而哀不己若者。以德分人谓之圣，以财分人谓之贤。以贤临人，未有得人者也；以贤下人，未有不得人者也。其于国有不闻也，其于家有不见也。勿已，则隰朋可。"（《庄子·徐无鬼》）

据说管仲在病危托政之时，向齐桓公推荐了隰朋，主要是因为隰朋为人，对上不计较，对下很友善。管仲说，以贤人自居而凌驾于他人之上，不会获得人们的拥戴；但以贤人之德谦恭待人，就会得到人们的拥戴。鲍叔牙虽然为人清廉，是个好人，但他对于不如自己的人从不去亲近，而且一听到别人的过错，就一辈子也忘不掉，让他管理国事，对上势必会约束国君，对下势必会忤逆百姓。所以相比之下，管仲认为齐桓公可以更倚重隰朋。"以贤临人，未有得人者也；以贤下人，未有不得人者也"，揭示了管仲荐贤的根本原因。这则故事也体现了待人友善和宽容的重要意义。

5. "思心之不睿，是谓不圣。"……睿，宽也。孔子曰："居上不宽，吾何以观之哉！"言上不宽大包容臣下，则不能居圣位。（《汉书·五行志》）

如果待下不能宽大为怀，不能包容臣下的过错，那么就不能居圣人之位。也就是说，居上位者应宽宏大量，只有宽大为怀，才能政治清明，国家安定。

6. 臣闻地广者粟多，国大者人众，兵强则士勇。是以太山不让土壤，故能成其大；河海不择细流，故能就其深；王者不却众庶，故能明其德。是以地无四方，民无异国，四时充美，鬼神降福，此五帝、三王之所以无敌也。（《史记·李斯传》）

泰山不排斥土石，所以能成就其高峻；河海不拒绝水流，所以能成就其浩大。这里是借用泰山、河海的形成来说明招揽人才的重要性。圣明的君王应懂得用人之道，"王者不却众庶"，那么就能使"地无四方，民无异国"，人们争相奔赴，就如细流入海，从而成就伟业，使国富民安。

7. 尹文对曰："人君之事，无为而能容下。……大道容众，大德容下；圣人寡为而天下理矣。"……成王封伯禽为鲁公，召而告之曰："……凡处尊位者，必以敬下，顺德规谏，必开不讳之门，蹲节安静以藉之。谏者勿振以威，毋格其言，博采其辞，乃择可观。……"（《说苑·君道》）

齐宣王曾经问尹文君王之道，尹文说，作为君主，要能够容纳臣下，宽广的道路能容纳众人行走，大的仁德能够容纳生民百姓。尹文强调，君王只有具备容下之德，才能很好地治理国家。当初周成王封伯禽为鲁公，把他从鲁国召到京师，谈到为君之道，成王说，但凡身处尊贵的位置，必须礼敬臣下，从谏如流，广开言路，择善而从。

8. **帝业至重，非广询无以致治；王务至繁，非博采无以兴功。先王知其如此，故虚己以求过，明恕以思咎。是以谏鼓置于尧世，谤木立于舜庭，用能耳目四达，庶类咸熙。**（《魏书·高祖纪》）

　　北魏孝文帝广开言路，征求谏言。他说帝王之业非常繁重，如果不广泛征询意见，就无法达到太平之世；君主政务繁忙，如果不广泛采纳意见，就无法实现宏伟功业。孝文帝十分重视听取他人的建议，他认为治国安邦非一人之力，所以深恐"上明不周，下情壅塞"，于是效仿尧置谏鼓、舜立谤木之举，下诏求谏。

9. **木受绳则正，后从谏则圣。自古明王圣主，皆虚心纳谏，以知得失，天下乃安。**（《周书·于谨传》）

　　北周孝闵帝向太傅燕国公于谨请教治国之道。于谨说，木材用绳子一量，就能知道是否平正，帝王能听从谏言就是圣明之君。圣明的帝王，虚心听取谏言就可知得失，这样天下便能安定。这与《荀子·劝学》中所说"木受绳则直，金就砺则利"的说法一致，但在这里于谨主要是想借此劝诫孝闵帝虚心纳谏。

10. 景山恢诞，韵与道合。形器不存，方寸海纳。和而不同，通而不杂。（《晋书·袁宏传》）

袁宏曾谈及三国时的名臣，对徐邈的评价有"方寸海纳"之语，主要是指即使方寸之地，也可容纳像海一样大的东西。方寸之心，也可如大海般博大，能容纳百川、包涵万物。

11. 有齐自霸业云启，广延髦俊，开四门以宾之，顿八纮以掩之。邺都之下，烟霏雾集。河间邢子才、巨鹿魏伯起、范阳卢元明、巨鹿魏季景、清河崔长儒、河间邢子明、范阳祖孝徵、中山杜辅玄、北平阳子烈并其流也。（《北史·文苑传序》）

北齐自建立霸业开始，就广泛招揽贤才，一时之间，天下英才齐聚城下，邺都城里，人才济济。北齐大开城门欢迎四方才俊到来。

12. 爰自东帝归秦，逮乎青盖入洛，四隩咸暨，九州攸同，江、汉英灵，燕、赵奇俊，并该天网之中，俱

为大国之宝。言刈其楚,片善无遗,润水圆流,不能十数,才之难也,不其然乎。(《北史·文苑传序》)

自从东帝归秦,到隋炀帝进入洛阳之后,四方安定,九州一统,江汉英才,燕赵奇俊之士,都网罗殆尽,俱为"大国之宝"。人才难得,就如"刈其楚,片善无遗,润水圆流,不能十数"。当时的文人,比较出名的有范阳的卢思道、安平的李德林、河东的薛道衡、赵郡的李元操、巨鹿的魏澹、会稽的虞世基等人。他们或是名扬河朔,或是独步汉南,都是文采斐然,又身居高位,在文坛具有重要的影响。

13. 徵见秦王功高,阴劝太子早为计。太子败,王责谓曰:"尔阋吾兄弟,奈何?"答曰:"太子蚤从徵言,不死今日之祸。"王器其直,无恨意。即位,拜谏议大夫,封巨鹿县男。(《新唐书·魏徵传》)

魏徵曾经为太子谋士,与秦王有前仇,但唐太宗即位后,却不计前嫌,以魏徵为谏议大夫,认真听取他的谏言,从而开创了贞观之治的繁荣局面。在《旧唐书》中也有《魏徵传》,书中对这段君臣之谊进行了记述。据记载,魏徵死后,唐太宗为之痛哭,追思不已,曾经在朝堂上对群臣说:"夫以铜为镜,可以正衣冠;以古为镜,可以知兴替;以人为镜,可以明得失。"

14. 《传》曰:"惟善人能受尽言。"谓其闻而能

改之也。（韩愈《争臣论》）

只有品德高尚、胸怀宽广的人才能够毫无保留地接受批评，对他人的意见予以尊重，并且能从善如流，改正自己的错误。

15. 孝宗即位，诏求直言，熹上封事言："圣躬虽未有过失，而帝王之学不可以不熟讲。……陛下毓德之初，……又颇留意于老子、释氏之书。夫记诵词藻，非所以探渊源而出治道；虚无寂灭，非所以贯本末而立大中。帝王之学，……使义理所存，纤悉毕照，则自然意诚心正，而可以应天下之务。"（《宋史·朱熹传》）

宋孝宗即位之后，广泛征求意见，下诏要求朝臣直言朝政得失。于是朱熹谏言，皇上要精于帝王之术，而不要在意老子、释氏之书。宋孝宗是南宋时期一位贤明的君王，他在位期间注重内政，整顿吏治，政治较为清明，使南宋出现"乾淳之治"。《宋史》认为孝宗"聪明英毅，卓然为南渡诸帝之称首"。

第三节　顺俗制宜　采择其善

1. 修其教，不易其俗；齐其政，不易其宜。中国戎夷五方之民，皆有性也，不可推移。（《礼记·王制》）

天下之民居于中原或四方戎夷之地，各民族的风俗互不相同，生活习惯很难改变，因此，在教化时应尊重他们的习俗，进行政治管理时要懂得因俗而制宜。

2. 且夫贤君之践位也，……必将崇论闳议，创业垂统，为万世规。故驰骛乎兼容并包，而勤思乎参天贰地。（司马相如《难蜀父老》）

兼容并包对于治国具有非常重要的作用，历史上贤明的君王居上位都懂得这个道理。

3. 夫运筹策帷帐之中，决胜于千里之外，吾不如子房。镇国家，抚百姓，给馈饷，不绝粮道，吾不如萧何。连百万之军，战必胜，攻必取，吾不如韩信。此三者，皆人杰也，吾能用之，此吾所以取天下也。（《史记·高祖本纪》）

高祖皇帝在洛阳南宫举行宴会，他在致祝酒词时对群臣说："如果说运筹帷幄，决胜于千里之外，我可能比不上张良；镇守国家，安抚百姓，供给粮饷，保证粮道畅通，我不如萧何；指挥百万之军，战无不胜，攻无不克，我不如韩信。这三位都是旷世奇才，而我能充分发挥他们的作用，这就是我能夺取天下的原因。而项羽本有一贤才范增可用，却不能重视，所以他才败在我的手下。"这说明在治国理政中，善于运用人之所长，是制胜的关键。

4. 至秦有天下，悉内六国礼仪，采择其善，虽不合圣制，其尊君抑臣，朝廷济济，依古以来。（《史记·礼书》）

秦虽然已灭掉六国，称霸天下，但对于六国旧有的礼仪制度，并不是一概予以废除，而是"采择其善"，有选择地予以吸收，兼采各国礼仪而治天下。

5. 圣人观乡而顺宜，因事而制礼，所以利其民而厚其国也。夫剪发文身，错臂左衽，瓯越之民也。黑齿雕题，却冠秫绌，大吴之国也。故礼服莫同，其便一也。乡异而用变，事异而礼易。是以圣人果可以利其国，不一其用；果可以便其事，不同其礼。儒者一师而俗异，中国同礼而教离，况于山谷之便乎？……变服骑射，以备燕、三胡、秦、韩之边。（《史记·赵世家》）

圣人观察乡俗而顺俗制宜，根据实际情况来规定礼制，这是治国理政的良策。胡服骑射本是北方少数民族的习俗，中原地区的汉族不擅长骑射，赵武灵王想要颁布胡服令，于是亲自上门去说服王叔。他说："剪发文身，错臂左衽"，是瓯越之地的风俗，"黑齿雕题，却冠秫绌"，这是大吴国的习惯。不同地方的服装虽然不同，但都是为了便于穿着，这对于不同地方的人都是一样的。所以，如果是有利于国家，便于行事，礼制与服装也不是不可以改变的。可见，胡服令是顺俗制宜的利民强国之策。

6. 世祖即位，开拓四海，以五方之民各有其性，故修其教不改其俗，齐其政不易其宜，纳其方贡以充仓廪，收其货物以实库藏。（《魏书·食货志》）

北魏是由北方少数民族鲜卑族建立的政权，魏世祖即位后，为南下向中原拓展，采取了"修其教不改其俗，齐其政不易其宜"的措施来处理民族关系，对不同的部落、民族采取不同的管理方式，以利于团结和安定，同时也促进了经济的发展。

7. 乾坤以有亲可久，君子以厚德载物。观夫汉高之兴也，非徒聪明神武、豁达大度而已也！（潘岳《西征赋》）

西晋时期文学家潘岳在《西征赋》中赞誉汉高祖之伟业，并认为这是与他的豁达大度分不开的。君子厚德载物，在这里"物"是对众人而言。大地无所不承载，而君子在《易经》坤卦中既如宰相辅佐君王般尽心照顾百姓，也如同母亲般对子女充分包容。老子的"三宝"之说，位列第一的正是慈，慈爱好似母亲对子女的爱。大地无不承载，只有完善自己的德性，才能厚德载物，而如能厚德，就可包容众人。

8. 夫大木为杗，细木为桷，欂栌侏儒，椳闑扂楔，各得其宜，施以成室者，匠氏之工也。玉札丹砂、赤箭青芝，牛溲马勃、败鼓之皮，俱收并蓄，待用无遗者，医师之良也。登明选公，杂进巧拙，纡余为妍，卓荦为杰，校短量长，唯器是适者，宰相之方也。（韩愈《进学解》）

建造房屋需要各种不同规格的木材，大木头可做栋梁，小木头可做椽子，都可派上用场，这靠的是工匠们的技术。医师诊治疾病开出药方，需要各种不同的药材，有贵重的如天麻、龙芝，也有普通的如车前草，俱收并蓄，不容有失，这靠的是医师的技艺。选拔人才的道理也是一样，需要各种不同的人才，将他们放到合适的位置上，了解他们的长处和短处，量才使用，这是用人的原则与标准。

9. 自古帝王多疾胜己者，朕见人之善，若己有之。人之行能，不能兼备，朕常弃其所短，取其所长。……朕见贤者则敬之，不肖者则怜之，……正直之士，比肩于朝，未尝黜责一人。自古皆贵中华，贱夷、狄，朕独爱之如一，故其种落皆依朕如父母。此五者，朕所以成今日之功也。（《资治通鉴·唐纪》）

唐太宗认为他之所以能成功，主要是能做到以下五条：一是不嫉妒胜过自己的人，见到别人的优点，就如同见到自己的优点一样高兴。二是知人善任，包容其短处，取用其长处。三是"见贤者则敬之，不肖者则怜之"，使他们都能各得其所。四是广开言路，对直谏之人从不贬谪责罚。五是对汉族和少数民族一视同仁加以爱护，因此"其种落皆依朕如父母"。

10. 契丹旧俗，事简职专，……至于太宗，兼制中国，官分南、北，以国制治契丹，以汉制待汉人。国制简朴，汉制则沿名之风固存也。辽国官制，分北、南院。北面治宫帐、部族、属国之政，南面治汉人州县、租赋、军马之事。因俗而治，得其宜矣。(《辽史·百官志》)

中国历史上契丹族建立了辽，辽太宗在汴京称帝，史称"大辽"。契丹原本是中国北方的游牧民族，南下中原后学习南方农耕技术，在政治管理上采取因俗而治。据《辽史·百官志》中关于官制的记述可知，辽太宗采取了两院制的政治管理模式。契丹旧俗，国制简朴，与汉制不同。于是分北、南两院"因俗而治，得其宜矣"。唐朝历史上也曾有类似的做法，据说李靖曾对唐太宗说："天之生人，本无蕃汉之别。然地远荒漠，必以射猎为生，由此常习战斗。若我恩信抚之，衣食周之，则皆汉人矣。"(《唐李问对》)正如他所说，番地不同于汉族，有自己的风俗习惯，但若"恩信抚之，衣食周之，则皆汉人矣"。

11. 左丞相宗贤、左丞禀等言，州郡长吏当并用本国人。上曰："四海之内，皆朕臣子，若分别待之，岂能致一。谚不云乎，'疑人勿使，使人勿疑'。自今本国及诸色人，量才通用之。"(《金史·熙宗本纪》)

在中国古代，不同的民族之间由于风俗和生活习惯不同，往往会产生一些分歧与冲突，但各民族却能在争斗中日渐走向融合，促进彼此的发展。皇统八年(1148)，金朝的左丞相宗贤、左丞禀等人上奏皇帝说，朝廷应当都以本国人来充任州郡的主要官员。这里的"本国人"应是指女真人，宗贤等人主张地方官员应由女真人担任，可见以他们为代表的女真权贵对其他民族存在偏见。但这时皇帝却予以驳斥，认为：四海之内，都是一家，如果分别对待，那是不能真正成为一家人的，又怎能统一天下。就如谚语所说，"疑人勿使，使人勿疑"，从今以后，不论女真人、汉人，还是其他肤色的人，只要有才能，都要根据他们的才能大小予以任用。这段史实，既反映了当时的民族矛盾，同时也可看出金人在民族摩擦中走向汉化，汉人与金人在政治与习俗上的逐渐融合。

12. 世祖混一天下，近取金、宋，远法汉、唐。……大抵参酌古今，随时损益，兼存国制，用备仪文。于是朝廷之盛，宗庙之美，百官之富，有以成一代之制作矣。（《元史·舆服志》）

蒙古族作为马背上的民族，善于骑射，为了便利，他们的服饰风俗习惯是短袖左衽。元世祖入主中原之后，逐步采取了"近取金、宋，远法汉、唐"的服饰制度。《元史·舆服志》中详细记载了天子冕服、皇太子冠服、百官祭服朝服等各种服制，在这些服饰中也融入了汉服的元素。正如《元文类·经世大典序录·舆服》中所说："圣朝舆服之制，适宜便事，及尽收四方诸国也，听其俗之旧，又择其善者而通用之。"元朝统治者并没有强行要求改变汉族服饰,而且不拘泥于旧俗,"参酌古今,随时损益",使元代出现了蒙汉服装融合并存的状况。

13. 元起朔方,固已崇尚释教,及得西域,世祖以其地广而险远,民犷而好斗,思有以因其俗而柔其人,乃郡县土番之地,设官分职,而领之于帝师。乃立宣政院,其为使位居第二者,必以僧为之,出帝师所辟举,而总其政于内外者,帅臣以下,亦必僧俗并用,而军民通摄。于是帝师之命,与诏敕并行于西土。(《元史·必兰纳识理传》)

元朝是北方蒙古族建立的王朝,以前崇尚佛教,及得西域,元世祖就想"因其俗而柔其人",采取因俗而制宜的措施予以管理。于是设立宣政院,让僧人参与主要职务,采取僧俗并用的方式进行管理,从而使当地人心悦诚服地归顺。

第七章
谦虚好学的博大胸怀

中华文明气势恢弘、海纳百川，中国传统文化具有极大的包容性，这与中华民族谦虚好学的博大胸怀是分不开的。自古以来，中华民族倡导谦虚好学，既勇于学习、善于学习，又甘于学习。中国人自古以来就深切地体会到"满招损，谦受益"（《尚书》），认识到"以虚受人，故能成其满"（《孔子家语》）、"大盈若冲，其用不穷"（《老子》）的道理，因此提倡以虚受人，不耻下问，与人相处，常怀谦虚之心，不断学习，"见贤思齐"，"择其善者而从之，其不善者而改之"（《论语》），从而使自己得到更大的进步与发展。因为每个人都有自己的长处和短处，所以需要通过学习他人的经验和优点，去弥补自己的不足，正所谓"假人之长以补其短"（《吕氏春秋》）。人不仅要学习，懂得去短集长，而且还要善于学习。中国古人早已认识到广泛学习的重要性，所谓"善学者，若齐王之食鸡也，必食其跖数千而后足"（《吕氏春秋》），学习"若蜜蜂历采百花"（《四溟诗话》），应博约相辅，正如韩愈在《进学解》中所说"贪多务得，细大不捐"。

第一节 以虚受人 不耻下问

1. 君子泰而不骄，小人骄而不泰。（《论语·子路》）

君子安舒而不自矜放肆，人格高尚，仪态就显得泰然自若，绝不狂妄骄傲，蔑视他人；小人才会显得骄狂放纵，目空一切。

2. 子贡问曰："孔文子何以谓之文也？"子曰："敏而好学，不耻下问，是以谓之文也。"（《论语·公冶长》）

孔子在回答学生子贡的问题时谈到，人不管是位高还是才高，都应谦虚好学，不耻下问，而这往往是常人难以做到的。朱熹注曰:"孔文子,卫大夫,名圉。凡人性敏者多不好学,位高者多耻下问。故谥法有以'勤学好问'为文者,盖亦人所难也。"在他看来,一般情况下,聪敏之人往往有傲慢的习气,处于高位的人往往自以为是,以向人请教为耻,而孔圉既能敏而好学,又能不耻下问,这是常人难以企及的,所以赐予他"文"的谥号。

3. 古之善为士者,微妙玄通,……敦兮其若朴,旷兮其若谷。(《老子》十五章)

善为士者能通达大道,体悟自然之理,所以敦厚素朴,开阔豁达,就如同山谷一样可以容纳万物。

4. 故贵以贱为本,高以下为基。(《老子》三十九章)

《老子》中谈到贵与贱、高与低之间的关系,认为贵是以贱为基础、高是以下为基础的。老子关于贵贱、高下的相对性认识,可以让人推而得知,处下、谦卑是学习的姿态,不耻处下,向人谦虚请教与学习,具有十分重要的意义。

5. 大成若缺,其用不弊;大盈若冲,其用不穷。

（《老子》四十五章）

　　道家对事物的认识方式，充满了辩证思维的意味。最完满的东西，好似有残缺一样，但它的作用永远不会衰竭；最充盈的东西，好似是空虚能容，它的作用不会穷尽。道家主张谦下不争、柔弱自守，也是基于其对人生道理的形而上的认识。道家对事物的认识，不是停留在表面现象，而是能对其本质进行深入思考。道家就是在"道"的本体基础上，以辩证之思辨方式搭建起道家的思维体系。这种道家的辩证思维反映了以虚受人的意义，正是由于处下能容，所以其用不穷。

6. 阳子之宋，宿于逆旅。逆旅人有妾二人，其一人美，其一人恶，恶者贵而美者贱。阳子问其故，逆旅小子对曰："其美者自美，吾不知其美也；其恶者自恶，吾不知其恶也。"阳子曰："弟子记之！行贤而去自贤之心，安往而不爱哉！"（《庄子·山木》）

　　阳子（据说是杨朱）前往宋国，途中住宿在一家小旅店里。店主有两个妾，一个长得漂亮，一个长得丑陋。那丑陋的备受宠爱，那漂亮的却被冷落。阳子问是什么缘故，店主说："那漂亮的自以为漂亮，但我并不觉得她漂亮；那丑陋的自认为丑陋，但我却不这么想。"于是阳子告诫弟子们切勿"美者自美"，不要傲慢自大，如果一个人行为贤良而且能祛除自矜炫耀之心，又怎会不受到人们喜爱呢！

7. 王顾谓其友颜不疑曰:"之狙也,伐其巧,恃其便以敖予,以至此殛也!戒之哉!嗟乎,无以汝色骄人哉!"颜不疑归而师董梧以锄其色,去乐辞显,三年而国人称之。(《庄子·徐无鬼》)

"吴狙现巧"的典故出自庄子讲述的吴王射狙的故事,这个故事告诫世人千万不要自恃骄人,否则就会如这只猴子一样,惹来杀身之祸。吴王当时对身边的颜不疑说,这只猴子自恃灵巧,就不断炫耀,所以就被射杀了。颜不疑回来之后就拜当世贤士董梧为师,用以铲除自己的傲气,去掉浮躁骄慢之态,三年之后就获得了国人认可。庄子在这里借吴王射杀猴子的故事,告诫人们不应自恃自傲,否则会于己不利。

8. 孔子读《易》,至于《损》《益》,喟然而叹。……孔子曰:"夫自损者必有益之,自益者必有决之,吾是以叹也。"子夏曰:"然则学者不可以益乎?"子曰:"非道益之谓也。道弥益而身弥损。夫学者损其自多,以虚受人,故能成其满。……凡持满而能久者,未尝有也。……"(《孔子家语·六本》)

孔子读到《易》中的《损卦》《益卦》时,不禁喟然感叹道:自损者必有益于己,自益者必有害于己。子夏问孔子,为学之人难道不可以自我增益吗?孔子说,道业越增进,欲望妄念越减损,这样就能"以虚受人",以一颗包容之心容纳万事万物,就越能充盈,故能成其满，得到更大进步。傲慢自满会使人退步，因而不能获得更长久的发展。

9. 知不知，上矣。过者之患，不知而自以为知。（《吕氏春秋·别类》）

知道自己有所不知，就可说是高明了。人们常常容易犯的毛病，正是在于不知却自以为知。

10. 忠言逆耳利于行，毒药苦口利于病。（《史记·留侯世家》）

忠言虽然不太好听，却是于人有益的金玉良言，药剂虽然苦涩不好喝，却是治病的良药。《增广贤文》中也说，"道吾好者是吾贼，道吾恶者是吾师"。人们要善于听取他人意见，以免被人蒙蔽。

11. 是故无贵无贱，无长无少，道之所存，师之所存也。……是故弟子不必不如师，师不必贤于弟子。闻道有先后，术业有专攻，如是而已。（韩愈《师说》）

韩愈指出"道之所存，师之所存"，无论身份贵贱、年纪大小，只要是道理存在的地方，就是老师存在的地方。也就是说，人无论何时何地都可以向他人学习，而且弟子不一定不如老师，老师不一定贤于弟子，因为

"闻道有先后，术业有专攻"。

12. 人多以老成则不肯下问，故终身不知。又为人以道义先觉处之，不可复谓有所不知，故亦不肯下问。从不肯问，遂生百端，欺妄人我，宁终身不知。（《近思录·为学》）

人们大多以为自己老成有学识，就不肯下问，不愿向别人学习请教，所以终其一生仍是不知。有的人认为自己有资历有经验，不好意思说自己不知，所以也不肯下问。如果不懂还不肯下问，不懂装懂，就会产生许多错误。

13. 《咸》之《象》曰："君子以虚受人。"《传》曰：中无私主，则无感不通。以量而容之，择合而受之，非圣人有感必通之道也。（《近思录·为学》）

《周易·咸卦》的《象辞》说："君子以虚受人。""以虚受人"即指君子以虚怀若谷的冲虚之心容纳他人。程颐认为，如果人的心中没有私念，就能感通万物，包容接纳他人。如果人因偏见与私心作祟，以有限的容量去接受，有选择地去接受，就会丢掉很多东西，这样就不是圣人的感通之道，无法与万物沟通。

14. 《易》曰:"天道亏盈而益谦,地道变盈而流谦,鬼神害盈而福谦,人道恶盈而好谦。"是故《谦》之一卦,六爻皆吉。《书》曰:"满招损,谦受益。"(袁了凡《了凡四训》)

了凡先生强调,人们应谦恭处世,秉持谦虚而不自满的态度,应懂得"满招损,谦受益"的道理。

第二节　博约相辅　细大不捐

1. 博学之，审问之，慎思之，明辨之，笃行之。(《中庸》)

博学、审问、慎思、明辨、笃行，这是学习的重要环节，也是为学之人的基本要求，是重要的为学之方。

2. 君子博学于文，约之以礼。(《论语·雍也》)

朱熹注曰："君子学欲其博，故于文无不考；守欲其要，故其动必以礼。"博约结合，主要是强调人既要广泛地学习，广泛地涉猎，还要深入进行研究。

3. 君子博学而日参省乎己，则知明而行无过矣。故不登高山，不知天之高也；不临深溪，不知地之厚也；不闻先王之遗言，不知学问之大也。（《荀子·劝学》）

如果人能广泛学习，并且每天不断反省，那么就可以变得聪明睿智，能正确地去行动，而不会犯错。人们不登高山，就不知天的高远；不临深溪，就不知地的深厚；不了解圣贤的学说，就不知学问的广博：所以为学之道应是广博、深厚，并且通达古今。

4. 嗣虽修儒学，然贵老严之术。（《汉书·叙传》）

班嗣是汉代学者，班固的伯父，他虽修习儒家学说，却没有门户之见，对于老子和庄子的学说也十分推崇。

5. 先生口不绝吟于"六艺"之文，手不停披于百家之编，记事者必提其要，纂言者必钩其玄。贪多务得，细大不捐。焚膏油以继晷，恒兀兀以穷年。先生之于业，可谓勤矣！（韩愈《进学解》）

治学需要勤奋博学，不仅应广泛学习，而且也要深入钻研，务求精进。对于学问、知识，无论大小都不能舍弃，务必有所收获。

6. 七岁就学，日诵千余言。弱冠，善谈庄、老及百家之说，兼好释典。……邈道合古今，学殚数术。高谈正一，则古之蒙庄子；深入不二，则今之维摩诘耳。（《旧唐书·孙思邈传》）

孙思邈学贯古今，博闻强记，勤奋好学。他七岁入学，据说一天就能背诵一千多字的文章。少年时代就已熟读老、庄以及先秦诸子百家的著作，并且喜爱研读佛经。孙思邈学识渊博，穷尽天文、历法、占卜等许多方面。当他阐述正一之道时，就好像是古代的庄子一样；当他专心致志地研究精深的不二之论时，就好像如今的维摩诘圣僧一般。

7. 然世之不见全经久矣，读经而已，则不足以知经。故某自百家诸子之书，至于《难经》、《素问》、《本草》、诸小说无所不读，农夫、女工无所不问，然后于经为能知其大体而无疑。盖后世学者，与先王之时异矣，不如是，不足以尽圣人故也。（王安石《答曾子固》）

在王安石看来，孔子等圣人所传授的道理是一种博大精深的大全之道，然而随着时间的流逝，儒家经典在文献形态上出现了某种程度的缺失或不完善。要想真正全面、深入地揭示和理解儒家圣人之道，就不能仅仅局限于儒家经典本身，而应该广泛涉猎诸子百家之书，医学、药学以及其他各类书籍，以弥补儒家经典文本的缺陷。同时，王安石还强调了民间经验对于学习圣人经典的重要性。像农夫、女工的口头语言也有助于对经典以及对圣人之道的理解。王安石认为，后世学者所处的时代与先王之时不同，领悟圣人之道不应该设限，而应该采取更加全面、包容的学习方法。

8. 比冠，博通经史，属文日数千言，好贾谊、陆贽书。既而读《庄子》，叹曰："吾昔有见，口未能言，今见是书，得吾心矣。"（《宋史·苏轼传》）

苏轼到二十岁时，就已精通经史，每天写几千字的文章，他喜欢读贾谊、陆贽的书。后来当他读《庄子》之时，又感叹道："我从前就有这样的见解，却说不出来，现在看到这本书上所说的，好像一下子就把我的心里话都讲出来了。"

9. 文公先生尝谓师夏曰："余之始学，亦务为侊侗宏阔之言，好同而恶异，喜大而耻小，于延平之言，则以为何为多事若是，天下之理一而已，心疑而不服。同安官余，以延平之言反覆思之，始知其不我欺矣。……"（赵师夏《延平答问跋》）

朱熹最初治学，喜欢笼统宏阔的理论，据《朱子语类》所载，他曾经学禅，据他所说是"好同而恶异，喜大而耻小"。他后来在延平见到李侗，李侗的教导让朱熹幡然醒悟，他终于明白不能脱离现实生活去把玩一个所谓玄妙的道理，而要在万紫千红的世界中去把握"理"。

从此他摆脱了禅学，归宗于儒学，主张理一分殊，成为一代大儒。"以延平之言反复思之，始知其不我欺矣"，这是朱熹求学的心路写照，也说明人需要不断听取他人意见，通过反省、思考，从而得到进一步提升。

10. 上亲祭孔子庙，北面再拜。退谓侍臣曰："朕幼年游侠，不知志学，岁月逾迈，深以为悔。孔子虽无位，其道可尊，使万世景仰。大凡为善，不可不勉。"自是颇读《尚书》《论语》及五代、辽史诸书，或以夜继焉。（《金史·熙宗本纪》）

皇统元年（1141），金熙宗亲自祭祀孔子庙，向北拜了两次，祭祀结束后又对大臣们说："朕幼年时不知道努力学习，浪费了大好时光，光阴过去，我常常会深感后悔。孔子虽然没有皇位，但他的道却是万世景仰，为人尊奉。"从此之后金熙宗刻苦攻读《尚书》《论语》以及五代、辽史等多种书籍，夜以继日地用功学习。

11. 初就外傅，读朱子《四书》，多所疑难，乃尽取朱子书读之。闻九江黄泽有学行，往从之游。……汸一再登门，乃得"六经"疑义千余条以归。已，复往，留二岁，得口授六十四卦大义与学《春秋》之要。后复从临川虞集游，获闻吴澄之学。……由是造诣精深，诸经无不通贯，而尤邃于《春秋》。（《明史·赵汸传》）

赵汸拜师求学之初，读到朱子的《四书章句集注》，有许多疑问不能解决，于是就通读朱子的全部著作。他听说九江黄泽的声名，就去与之交游。黄泽治学注重启发式教学，赵汸一再登门拜访，向黄泽求教。后来又到黄泽那里逗留了两年，得到黄泽口授六十四卦的大义与学《春秋》的要领。之后又与临川虞集交游，从虞集那里得知吴澄之学。赵汸学识广博，诸经无不贯通，对《春秋》尤为精通。

12. 若蜜蜂历采百花，自成一种佳味与芳馨，殊不相同，使人莫知所蕴。作诗有学酿蜜法者，要在想头别尔。（谢榛《四溟诗话》）

"作诗有学酿蜜法者，要在想头别尔"，这是明代文学家谢榛提倡的作诗之法，既要广采博收，又要立意新颖。张仲景也曾感叹《伤寒杂病论》的撰写，乃是勤求古训，博采众方，广泛搜集，通过学习与钻研，终于得以完成。其实不仅仅是作诗，做任何学问都是一样，需要广泛学习，不拘泥于一家之言，也不局限于一家之长。

第三节　见贤思齐　去短集长

1. 子曰："见贤思齐焉，见不贤而内自省也。"
（《论语·里仁》）

人们要努力学习别人的优点，提高自己的德行和学识水平，以圣贤之人为榜样，追求崇高的道德境界。

2. 子曰："三人行，必有我师焉。择其善者而从之，其不善者而改之。"（《论语·述而》）

善于学习的人懂得随时随地虚心求教，以他人为师，不断学习、吸取他人的优点、长处，并努力改正自己的缺点。

3. 子路，人告之以有过则喜。禹闻善言则拜。大舜有大焉，善与人同，舍己从人，乐取于人以为善。自耕、稼、陶、渔以至为帝，无非取于人者。（《孟子·公孙丑上》）

战国时期孟子给学生上课时，经常拿子路的例子来教育他们。孟子说，子路善于虚心听取别人的意见，然后改正自己的不足，别人指出他的错误，他就高兴。因此孟子十分赞赏子路。历史上的贤人君子都能取人之长，比如舜、禹等人，都善于吸取别人的长处，取长补短，弥补自己的不足。

4. 今滕，绝长补短，将五十里也，犹可以为善国。（《孟子·滕文公上》）

滕国方圆只有五十里，仍然可以通过截长补短，治理成一个好国家。这里所说的"截长补短"，就是发扬自己的长处，弥补自己的不足。

5. 今异家者各推所长，穷知究虑，以明其指，虽有蔽短，合其要归，亦"六经"之支与流裔。使其人遭明王圣主，得其所折中，皆股肱之材已。……若能修"六艺"之术，而观此九家之言，舍短取长，则可以通万方之略矣。（《汉书·艺文志》）

诸子百家都推崇各自的学说，阐明自己的学派观点和思想主张。虽然他们各有偏颇，但仍然可以说是股肱之材。所以如果能去掉他们的短处，而取其所长，就可以避免各家的弊端，使他们把优点发扬出来，"舍短取长"，成为治国的良方。

6. 昔有学步于邯郸者，曾未得其仿佛，又复失其故步，遂匍匐而归耳！（《汉书·叙传》）

以前有个人去邯郸学习别人走路的姿势，可最后他不仅没有学会别人走路的样子，而且还忘掉了自己以前走路的姿势，于是只得爬着回去了。这则邯郸学步的故事，告诫人们学习不能忘掉根本，也不能没有自信，否则可能会像这个学步者一样，不仅没有学到别人的优点，甚至还会丢掉自己的长处与特点。

7. 善学者，若齐王之食鸡也，必食其跖数千而后足，虽不足，犹若有跖。（《吕氏春秋·用众》）

善于学习的人就好像齐王吃鸡一样，要吃数千只鸡爪才能吃够，即使不够，也还是有鸡爪可以继续吃的。万事万物本来就各有长短，人也是这样。所以，善于学习者，要懂得学习别人的长处，来弥补自己的短处。

8. 物固莫不有长，莫不有短，人亦然。故善学者，

假人之长以补其短。故假人者，遂有天下。无丑不能，无恶不知。……虽桀、纣犹有可畏可取者，而况于贤者乎！……天下无粹白之狐，而有粹白之裘，取之众白也。夫取于众，此三皇、五帝之所以大立功名也。（《吕氏春秋·用众》）

事物本来就既有长处，也有短处，人也是一样。因此，善于学习的人懂得取长补短的道理。即使像桀、纣那样的暴君，也不是一无是处，更何况其他贤良之人。天下的道理就是这样，人们应懂得去其短处，取其长处，互相学习，共同进步。

9. 大凡人之文，各有所长，乐天长可以为多矣。夫讽谕之诗长于激，闲适之诗长于遣，感伤之诗长于切，五字律诗百言而上长于赡，五字七字百言而下长于情，……总而言之，不亦多乎哉！（《旧唐书·白居易传》）

元稹与白居易都是唐朝著名的诗人。元稹曾为白居易诗文集作序。他说：一般来说，文人之作，各有所长，但白居易作品的长处与特点更为突出。他的讽谕之诗以激昂见长，闲适之诗以超脱见长，感伤之诗以深切见长，五字律诗百言以上的以内容充实见长，五字七字百言以下的以抒情见长，等等。总而言之，白居易的文章各具特色，长处确实很多。

10. "北人不知水利，一年而地荒，二年而民徙，三年而地与民尽矣。今欲使旱不为灾，涝不为害，惟有兴水利一法。"……水利大兴，北人始知艺稻。邹元标尝曰："三十年前，都人不知稻草何物，今所在皆稻，种水田利也。"（《明史·左光斗传》）

左光斗在管理屯田时指出北方人不知道用水的利弊，天干成旱灾，下雨又遭水灾，一年之后土地荒芜，两年之后农民迁徙，三年之后土地与农民都将耗尽。他认为要解决这些问题，只有兴修水利，于是上书朝廷条陈水利之法，得以批准执行。大兴水利之后，北方人也开始种植水稻了。邹元标曾说，三十年前，京城人不知道稻草是何物，现在却到处是水稻，这是兴修农田水利的好处。

11. 四溟子曰："贵乎同不同之间：同则太熟，不同则太生。二者似易实难，握之在手，主之在心。"（谢榛《四溟诗话》）

谢榛认为，作诗讲究中正之法，对两个不同的或者相对的观念要予以正确把握，不要偏于一方面，而忽视另一方面。比如，专于陶渊明者失之浅易，专于谢灵运者失之饾饤。所以，万物皆有所长，也皆有所短，需去短集长，但学习"贵乎同不同之间"，在向他人学习时，要注意既不能落于俗套，也不能不吸取他人的长处。

12. 南轩受教于五峰之日浅，然自一闻五峰之说，即默体实践，孜孜勿释。……五峰之门，得南轩而有耀。（黄宗羲、全祖望《宋元学案·南轩学案》）

张栻继承并发展了胡宏的思想，他在与朱熹的学术交流中，进一步修正了胡宏的理论，使自己的学说日臻完善，通过对学问的不断探究，使得湖湘学派在理论上更为成熟，对湖湘学派的发展作出了重要贡献。

第八章
兼收并蓄的文明追求

中华民族历来对多样性的世界文明充满热情,中国在很早以前就开辟了陆上丝绸之路和海上丝绸之路。西汉时张骞出使西域,"于是西北国始通于汉"(《史记》),张骞等人出使西域到达三十多个国家。自此,汉朝对外交往更加活跃,不断派遣使者前往世界各地,"汉发使十余辈至宛西诸外国"(《史记》),"至于后汉,班超所通者五十余国,西至西海,东西四万里"(《隋书》)。到明代郑和七下西洋,历经"凡三十余国"(《明史》)。中华民族在与世界各国的往来中友好而包容,对世界文明采取了兼收并蓄的开放态度。唐朝玄奘和尚游历西域求取佛经,"撰《西域记》十二卷"(《旧唐书》),大唐与各国海上交往密切,形成"蛮胡贾人,舶交海中"(韩愈《送郑权尚书序》)的繁忙景象。魏源在《海国图志》中对世界五大洲三十多个大国的地理状况、国家政治历史情况进行了介绍,并提出了"师夷长技以制夷"的思想,学习西方先进科学技术,为己所用。中国传统文化博大精深,声名远播,"诸国酋长,亦遣子弟请入于国学之内。鼓箧而升讲筵者,八千余人"(《旧唐书》),中华礼乐文明远播海外,外国人仰慕中国文化,"所得锡赉,尽市文籍,泛海而还"(《旧唐书》)。

第一节　交流互鉴　知己知彼

1. 骞身所至者大宛、大月氏、大夏、康居，而传闻其旁大国五六，具为天子言之。曰：大宛在匈奴西南，在汉正西，去汉可万里。其俗土著，耕田，田稻麦。有蒲陶酒。多善马，马汗血，其先天马子也。有城郭屋室。其属邑大小七十余城，众可数十万。其兵弓矛骑射。其北则康居，西则大月氏，西南则大夏，东北则乌孙，东则扜罙、于窴。（《史记·大宛传》）

汉朝时张骞到达大宛、大月氏、大夏、康居，还听说附近有五六个大国，关于这些地方的情况他都向汉武帝逐一进行奏报。比如，他详细地向武帝汇报了大宛国的情况：大宛国位于匈奴西南方向，在汉朝正西方，离汉朝大约有万里之遥。当地人耕田，种稻麦，酿制葡萄酒，尤其有传说中的汗血宝马。大宛有大小七十余城，民众数十万，善骑射。大宛之北是康居，西边是大月氏，西南边是大夏，东北边是乌孙，东边是扜罙、于窴（即于阗）。这里提到的汗血宝马，后被输入中原，成为备受喜爱的骏马。

2. **骞因分遣副使使大宛、康居、大月氏、大夏、安息、身毒、于窴、扜罙及诸旁国。乌孙发导译送骞还，骞与乌孙遣使数十人，马数十匹报谢，因令窥汉，知其广大。骞还到，拜为大行，列于九卿。岁余，卒。乌孙使既见汉人众富厚，归报其国，其国乃益重汉。其后岁余，骞所遣使通大夏之属者皆颇与其人俱来，于是西北国始通于汉矣。**（《史记·大宛传》）

张骞出使西域至乌孙，又派副使出使其他国家。乌孙王派了几十个人护送张骞回国，也借此与汉朝交好往来。汉武帝任命张骞为大行令，位列九卿之中。张骞死后，他派出的副使都陆续回来了，带回了西域各地的讯息。张骞等人出使西域到过的国家有三十多个，从此，西域各国开始与汉朝往来，汉武帝每年也要派遣使者去访问西域各国，来往于汉朝与西域之间的商人更是络绎不绝。

3. 而汉发使十余辈至宛西诸外国，求奇物，因风览以伐宛之威德。而敦煌置酒泉都尉；西至盐水，往往有亭。而仑头有田卒数百人，因置使者护田积粟，以给使外国者。(《史记·大宛传》)

汉朝曾派出十几批使者到大宛以西的国家，搜求奇异之物，也借着这个机会晓谕、考察汉天子征伐大宛的威德。汉朝在敦煌设置酒泉都尉，向西一直到盐水，路上往往有岗亭。仑头有屯田士卒几百人，又在那里设置使者，保护田地，积蓄粮食，为出使外国的人供给食物和提供便利条件。

4. 自日南障塞、徐闻、合浦船行可五月，有都元国；又船行可四月，有邑卢没国；又船行可二十余日，有谌离国；步行可十余日，有夫甘都卢国。自夫甘都卢国船行可二月余，有黄支国，民俗略与珠厓相类。其州广大，户口多，多异物，自武帝以来皆献见。有译长，属黄门，与应募者俱入海市明珠、璧流离、奇石异物，赍黄金杂缯而往。所至国皆禀食为耦，蛮夷贾船，转送致之。(《汉书·地理志》)

据《汉书·地理志》对西汉时期南洋航运的记载，当时从日南边境、徐闻、合浦乘船大约五个月，可到达都元国；又乘船大约四个月，可到达邑卢没国；又乘船大约二十多天，可到达谌离国；步行大约十多天，可到达夫甘都卢国。从夫甘都卢国乘船大约两个多月，可到达黄支国，那里的民俗同珠厓郡相类似。这个地方面积广大，人口多，有奇珍异宝，自从武帝以来都向朝廷进贡。有许多人在那里购买明珠、奇石异物，所到国家都供给他们食物，蛮夷的商船也为他们提供便利条件。

5. 殷道衰，箕子去之朝鲜，教其民以礼义、田蚕织作。乐浪朝鲜民犯禁八条：相杀以当时偿杀；……是以其民终不相盗，无门户之闭，……可贵哉，仁贤之化也！（《汉书·地理志》）

关于"殷道衰，箕子去之朝鲜"的这段史实，在《尚书大传》中也有记载："武王释放箕子，箕子不忍周之释，走之朝鲜。武王闻之，因以朝鲜封之。箕子既受周之封，不得无臣礼，故于十三祀来朝。"据说箕子为古朝鲜制定了八条律令。

6. 章帝章和元年，遣使献师子、符拔。符拔形似麟而无角。和帝永元九年，都护班超遣甘英使大秦，抵条支。十三年，安息王满屈复献师子及条支大鸟，时谓之安息雀。（《后汉书·西域传》）

据《后汉书·西域传》记载："安息国居和椟城，去洛阳二万五千里。北与康居接，南与乌弋山离接。地方数千里，小城数百，户口胜兵最为殷盛。其东界木鹿城，号为小安息，去洛阳二万里。"汉章帝章和元年（87），安息国曾派遣使者献上狮子、符拔等地方特产。汉和帝永元九年（97），班超遣甘英出使大秦，抵达条支。后来安息王满屈又派遣使者献上狮子及被称作安息雀的条支大鸟。

7. 自中兴之后，四夷来宾，虽时有乖畔，而使驿不绝，故国俗风土，可得略记。（《后汉书·东夷传》）

自光武中兴以后，四境的夷人前来归顺，虽然常有纷争，但遣使及交往并没有中断。所以，这些国家的风俗人情及地理环境，在史书中都有相关的记载，当时朝廷对这些地方的情况也有粗略了解。

8. 初炀帝置四方馆于建国门外，以待四方使者，后罢之，有事则置，名隶鸿胪寺，量事繁简，临时损益。东方曰东夷使者，南方曰南蛮使者，西方曰西戎使者，北方曰北狄使者，各一人，掌其方国及互市事。（《隋书·百官志》）

隋炀帝时专门设有接待四方使者的官员。起初炀帝设四方馆于建国门外，后来隶属于鸿胪寺。设东夷使者、南蛮使者、西戎使者、北狄使者，每方各一人，负责掌管方国及贸易事务。

9. 至于后汉，班超所通者五十余国，西至西海，东西四万里，皆来朝贡，复置都护、校尉以相统摄。（《隋书·西域传》）

据《隋书·西域传》记载，东汉时期班超出使西域，所到的地方多达五十余国，西至西海，东西四万里，都来向朝廷进贡，西域各国与汉朝往来频繁，经常互派使者，交往密切。

10. 贞观十七年，拂菻王波多力遣使献赤玻璃、绿金精等物，太宗降玺书答慰，赐以绫绮焉。……乾封二年，遣使献底也伽。大足元年，复遣使来朝。开元七年正月，其主遣吐火罗大首领献狮子、羚羊各二。不数月，又遣大德僧来朝贡。（《旧唐书·西戎传》）

唐朝贞观年间与外邦交流频繁，这段文字记载的是拂菻（指拜占庭帝国，即东罗马帝国）与唐朝的交往。拜占庭帝国遣使者前来，献上赤玻璃、绿金精等珠宝，太宗皇帝赐以绫绮。后来两国之间还有多次遣使拜访及交流。拜占庭帝国派遣到唐朝的使者不但有吐火罗大首领，还有大德僧，即基督教的传教士。

11. 平卢薛平奏：海贼掠卖新罗人口于缘海郡县，请严加禁绝，俾异俗怀恩。从之。（《旧唐书·穆宗本纪》）

柔远人，怀诸侯，恩威并施的邦交之策，有益于促进友好交往。唐代平卢薛平在向朝廷上奏时说，新罗国虽是外夷，但朝贡不绝，与内地无殊，所以海贼掠卖新罗人口于缘海郡县，请严加禁绝，以使"异俗怀恩"。

12. 南中有诸国舶，宜令所司，每年四月以前预支应须市物，委本道长史，舶到十日内，依数交付价值市了，任百姓交易。（《唐会要·少府监》）

唐朝时，南海有多国船舶往来其间，朝廷已经实施有效管理。每年四月以前预支需要的一应事物，委派本道长史官吏，去进行商业贸易与管理，允许百姓交易买卖。

13. 充使往西突厥，……会石国反叛，路绝，三年不得归。机裂裳录所经诸国风俗物产，名为《西征记》。及还，太宗问蕃中事，机因奏所撰书，太宗大悦，擢拜朝散大夫，累迁至殿中监。（《旧唐书·韦机传》）

唐朝贞观年间，韦机担任大使前往西突厥，但碰到石国反叛，道路阻绝，在西突厥逗留三年。在这期间韦机把衣裳撕成碎片，记下他出使途中所经各国的风俗物产，命名为《西征记》。后来他终于回国，当唐太宗问到番邦情况时，韦机就把他所撰写的《西征记》呈给皇上，一一奏对，太宗十分高兴，提拔他为朝散大夫，后升任殿中监。

14. 贞观初，随商人往游西域。……在西域十七年，经百余国，悉解其国之语，仍采其山川谣俗，土地所有，撰《西域记》十二卷。（《旧唐书·玄奘传》）

玄奘和尚在隋炀帝大业末年出家，在研读佛经时，发现当时的佛经译本有很多错误，于是决心到西域去求取真经。唐太宗贞观年间，玄奘跟随商队到了西域，广泛结交佛教界人士。他见识渊博，口才出众，到处传经弘扬佛法，受到当地人的欢迎。玄奘在西域十七年，遍访了一百多个国家，精通各国语言，了解各地风俗习惯和当地特产，并把这些情况进行收集整理，编撰了《大唐西域记》十二卷。

15. "皇帝奉书日本国王：……高丽君臣，感戴来朝，义虽君臣，而欢若父子。计王之君臣，亦已知之。高丽朕之东藩也。日本密迩高丽，开国以来，时通中国，至于朕躬，而无一乘之使以通和好。尚恐王国知之未审，故特遣使持书布告朕心，冀自今以往，通问结好，以相亲睦。且圣人以四海为家，不相通好，岂一家之理哉？……"又诏高丽导去使至其国。戊子，高丽国王王禃遣其大将军朴琪来贺圣诞节。（《元史·世祖本纪》）

元世祖派遣兵部侍郎黑的、礼部侍郎殷弘出使日本，并带去书信，希望从今以后沟通音讯，结成友好，以相亲睦。高丽是元朝东边的藩属，开国以来，高丽与元朝义虽君臣，而欢若父子，他们感戴圣朝恩德，与元朝交往紧密，高丽国王王禃经常派遣使者前来朝贺。而日本紧邻高丽，元世祖派遣使者前去，是想让日本国知晓皇帝心意，"圣人以四海为家"，元朝可以与日本国交往结好，以通往来。

16. 永乐三年六月命和及其侪王景弘等通使西洋。将士卒二万七千八百余人，多赍金币。造大舶，修四十四丈、广十八丈者六十二。自苏州刘家河泛海至福建，复自福建五虎门扬帆，首达占城，以次遍历诸番国，……六年九月再往锡兰山。……十年十一月复命和等往使，至苏门答剌。……和经事三朝，先后七奉使，所历……，凡三十余国。所取无名宝物，不可胜计，而中国耗废亦不赀。（《明史·郑和传》）

明代郑和先后七次下西洋，途经三十多个国家。郑和下西洋是一次壮举，促进了国家之间的往来和交流。据《明史》记载，郑和第一次出海之时，声势浩大，他带领两万七千八百余人，乘坐六十二艘长四十四丈、宽十八丈的巨舰，从苏州刘家河启航，经福建五虎门停留补给之后，带着船队扬帆出海。其后他还多次出使海外，"所取无名宝物，不可胜计"。

第二节　师夷长技　为己所用

1. 其海外杂国若耽浮罗、流求、毛人，夷、亶之州，林邑、扶南、真腊、于陀利之属，东南际天地以万数，或时候风潮朝贡。蛮胡贾人，舶交海中。……外国之货日至，珠香象犀玳瑁奇物溢于中国，不可胜用。（韩愈《送郑权尚书序》）

"舶交海中"是指海上船舶交会，"蛮胡贾人，舶交海中"，说明当时海外各国与中国海上往来频繁，商贸繁荣。许多外国的货物以及奇珍异宝，从海上运输到中国。

2. 广州地际南海，每岁有昆仑乘舶以珍物与中国

交市。……方庆在任数载，秋毫不犯。(《旧唐书·王方庆传》)

"昆仑"在这里主要是指东南亚一带的土著人。广州在南海之滨，是当时海上贸易的大都会，每年都外商云集，有许多东南亚的外商乘船运载奇珍异宝到中国来做买卖。王方庆在任期间，海上往来顺畅。

3. 十七年，骠国王雍羌遣弟悉利移城主舒难陁献其国乐，至成都，韦皋复谱次其声，又图其舞容、乐器以献。凡工器二十有二，其音八：金、贝、丝、竹、匏、革、牙、角，大抵皆夷狄之器……(《新唐书·礼乐志》)

唐贞元十七年(801)，骠国国王雍羌派遣舒难陁率领骠国乐团出使唐朝。骠国乐团于贞元十八年(802)正月初到达唐都长安。骠国乐团途经成都时，时任剑南西川节度使的韦皋对骠国乐舞和乐器感到非常新奇，于是对骠国乐曲进行记录整理，还命画工画下骠国舞蹈的舞姿和乐队乐器，献给朝廷。骠国乐团到达长安后，在宫廷内进行了表演，受到唐德宗和文武官员的欢迎。之后，德宗授舒难陁太仆卿，骠国与唐朝建立了友好关系。

4. 西蕃胡国出石蜜，中国贵之，太宗遣使至摩伽

佗国取其法，令扬州煎蔗之汁，于中厨自造焉，色味逾于西域所出者。（《唐会要·杂录》）

据记载，唐代从西域引进了蔗糖（石蜜）以及制糖工艺。中国虽然种植甘蔗，最初还不懂得熬制蔗糖的技术。唐太宗派遣使者到摩伽佗国去学习制糖法，熬制的蔗糖用于当时长安人的饮食烹饪，色味俱佳，于是在长安人的饮食中，有了来自域外的新调料。蔗糖让长安人感到新奇，并逐渐被人们所接受。

5. 从西洋人利玛窦学天文、历算、火器，尽其术。……还朝，力请多铸西洋大炮，以资城守。……时帝以日食失验，欲罪台官。光启言："台官测候本郭守敬法。元时尝当食不食，守敬且尔，无怪台官之失占。臣闻历久必差，宜及时修正。"帝从其言，诏西洋人龙华民、邓玉函、罗雅谷等推算历法，光启为监督。……其辩时差里差之法，最为详密。（《明史·徐光启传》）

徐光启曾向西洋人利玛窦学习天文、历算、火器，对这些科学知识都有所了解，深得要领。他曾向朝廷奏请多铸西洋大炮，并修订历法。据说当时皇帝因为日食的预测与实际不相符，想要追究天文台官员的过失。徐光启为他们解释，并建议进行历法修改，皇帝听从了他的意见，并下诏让西洋人龙华民、邓玉函、罗雅谷等参与推算历法，以徐光启为监督。徐光启在《历书总目表》中曾说"欲求超胜，必须会通；会通之前，先须翻译"，意即：想要超越，必须会通；会通之前，先须翻译介绍，进行深入了解和认识，在此基础上再不断超过别人。后来徐光启还给皇帝进献了《日躔历指》一卷、《测天约说》二卷、《大测》二卷、《日躔表》二卷、《割圜八线表》六卷、《黄道升度》七卷、《黄赤距度表》一卷、《通率表》一卷，还在一次日食后，献上测候四说。徐光启所制定的历法在当时是最详密的。

6. 密翁与其公子为质测之学，诚学思兼致之实功。盖格物者，即物以穷理，惟质测为得之。若邵康节、蔡西山则立一理以穷物，非格物也。（王夫之《搔首问》）

王夫之《搔首问》中提到泰西物理、化学，说明当时西方的物理、化学等科学知识虽没得到太多重视，但已为众人所知。

7. 胡椒生西戎，形如鼠李子，调食用之，味甚辛辣。（《本草纲目》集解引苏敬语）

胡椒据说是两汉时期从西域传入中土的，汉武帝打通西域之后，有很多奇珍异宝也随之到来。据苏敬记载，胡椒来自西戎，可以食用，味道甚为辛辣。

8. 刀创水。出西洋，不知何物合成，番船带来，粤澳门市之。治金创，以此水涂伤口，即敛合如故。鼻冲水。出西洋，舶上带来，不知其制。或云树脂，或云草汁，合地溲露晒而成者。番舶贮以玻璃瓶，紧塞其口，勿使泄气，则药力不减，气甚辛烈，触人脑，非有病不可嗅。岛夷遇头风伤寒等症，不服药，惟以此水瓶口对鼻吸其气，即遍身麻颤出汗而愈。虚弱者忌之。宜外用，勿服。治外感风寒等症，嗅之大能发汗。（赵学敏《本草纲目拾遗》）

刀创水、鼻冲水分别指的是碘酒、氨水，二者都是从外国传入中国，在中国的古代药书中已有相关记载，并对二者有所了解和使用。

9. 日精油。泰西所制，《本草补》云：其药料多非中土所有，旅人九万里携至中邦，决非寻常浅效，勿轻视焉可也。治一切刀枪木石及马踢犬咬等伤，止痛敛口，大有奇效。用法：先视伤口大小若何，其长阔而皮绽，先以酒洗拭净，随用线缝，……当用药，须坐密室，切勿见风，并忌食寒冷等物。（赵学敏《本草纲目拾遗》）

日精油是西方所制，所用的药材大多不是中土所有，而是来自万里之遥的外邦，它的药效不可小视，在伤口止痛、愈合上有奇效，绝非寻常伤药。用药之时不能见风，也忌食寒冷之物。

10. 学画于王时敏，……晚年弃家从天主教，曾再游欧罗巴。作画每用西洋法，云气绵渺凌虚，迥异平时。（《清史稿·吴历传》）

中国画家吴历曾学画于王时敏，但晚年弃家信奉天主教，曾两次游历欧洲。他作画常运用西洋技法，画风空灵，兼有中西画法特点。

11. 何以异于昔人海图之书？曰：彼皆以中土人谭西洋，此则以西洋人谭西洋也。是书何以作？曰：为以夷攻夷而作，为以夷款夷而作，为师夷长技以制夷而作。（魏源《海国图志叙》）

魏源在《海国图志叙》中提出了"师夷长技以制夷"的思想，《海国图志》也是体现他这一思想的重要著作。书中对世界五大洲三十多个大国的地理状况、国家政治历史情况进行了介绍和说明，并分析总结了鸦片战争的教训。魏源指出，闭关锁国、闭门造车不能适应世界的发展，因此，此书是"为以夷攻夷而作，为以夷款夷而作，为师夷长技以制夷而作"。

12. 江苏巡抚李鸿章言："……拟仿照同文馆例，于上海添设外国语言文字学馆，……聘西人教习，……三五年后，有此一种读书明理之人，精通番语，凡通商、督抚衙署及海关监督，应设翻译官承办洋务者，即于馆

中遴选派充。……且能尽阅西人未译专书，探赜索隐，一切轮船、火器等巧技，由渐通晓，于自强之道，不无裨助。"（《清史稿·选举志》）

清朝时江苏巡抚李鸿章请求按照同文馆先例，在上海开设外国语言文字学馆，聘请西方人来担任教习，开设此馆的目的是，三五年后能有精通外语的可用之才，到通商、督抚衙署及海关监督衙门担任翻译官，协助办理洋务，而且能翻阅外文书籍，借此通晓西方一切轮船、火器等技术，这对于中国的自强之路，不无裨益。

13. 福建船厂，同治五年，左宗棠督闽时奏设，并设随厂学堂。分前、后二堂。前堂习法文，练习造船之术；后堂习英文，练习驾驶之术。课程除造船、驾驶应习常课外，兼习策论，令读《圣谕广训》《孝经》以明义理。（《清史稿·选举志》）

清朝同治五年（1866），左宗棠请求建造福建船厂，并开设随厂学堂，学习中外课程。学堂分前、后二堂：前堂学习法文，练习造船技术；后堂学习英文，练习驾驶技术。课程除造船、驾驶之外，还兼习策论，读《孝经》。正如张之洞《劝学篇·会通》中所主张的"中体西用"观点："中学为内学，西学为外学；中学治身心，西学应世事，不必尽索之于经文，而必无悖于经义。"

14. 首总船政者为沈葆桢，规画闳远，尤重视学堂。十二年，奏陈船工善后事宜："**请选派前、后堂生分赴英、法，学习制造驾驶之方，及推陈出新、练兵制胜之理。学生有天资杰出，能习矿学、化学及交涉、公法等事，均可随宜肄业。**"（《清史稿·选举志》）

清代总理船政大臣沈葆桢特别重视开设学堂，培养新式人才。他曾奏请选派学生分赴英、法等国，学习制造、驾驶技术，以及了解西方推陈出新、练兵制胜的方法。沈葆桢办理船政期间，学堂规模相当可观，他认为"船政根本，在于学堂"，"不重在造而重在学"，所以他办理船政，不仅大造船舰，而且着力培养新式人才，船政学堂先后派出了一百多名优秀毕业生留学欧洲。

15. 天津水师学堂，光绪八年，北洋大臣李鸿章奏设。次年招取学生，入堂肄业。分驾驶、管轮两科。**教授用英文，兼习操法，及读经、国文等科。优者遣派出洋留学，以资深造。厥后海军诸将帅由此毕业者甚夥。**（《清史稿·选举志》）

光绪八年（1882），北洋大臣李鸿章奏请设置天津水师学堂，用英文教学，学生要学习中西科目，不仅有驾驶等课程，还有读经、语文等课程，并且选派优秀学生出洋留学，帮助他们深造。

16. 鸿章又于光绪十一年奏设天津武备学堂，规制略仿西国陆军学堂。挑选营中精健聪颖、略通文义之弁目，入堂肄业。文员愿习武事者，一并录取。其课程一面研究西洋行军新法，如后膛各种枪炮，土木营垒及布阵分合攻守各术。一面赴营实习，演试枪炮阵势及造筑台垒。（《清史稿·选举志》）

李鸿章于光绪十一年（1885）奏请设置天津武备学堂，规制大略仿效西方陆军学堂，研究西洋行军新法，学习西方军事技术。

17. 愤外患日深，乃专究西学，派赴西洋各国使馆学习洋务。历上书言借款、造路、创设海军、通商、开矿、兴学、储材，北洋大臣李鸿章颇称赏之，所议多采行。（《清史稿·马建忠传》）

马建忠深感民族危机深重，忧愤于外患日深，于是一心研究西学，主张学习西方先进科学技术，兴办洋务。他认为，那种以学习西方先进技术为耻的观点，是十分荒谬的。他上书主张借款、修路、创设海军、通商、开矿、兴学、储材，得到北洋大臣李鸿章的赏识，他的建议大都被采用。

第三节　融通中外　开放包容

1. 宛左右以蒲陶为酒，……俗嗜酒，马嗜苜蓿。汉使取其实来，于是天子始种苜蓿、蒲陶肥饶地。及天马多，外国使来众，则离宫别观旁尽种蒲萄、苜蓿极望。自大宛以西至安息，……其地皆无丝漆，不知铸钱器。及汉使亡卒降，教铸作他兵器。（《史记·大宛传》）

大宛及其周边的国家都以葡萄酿酒，那里的人喜欢饮酒，马喜欢吃苜蓿。汉朝使者带回来这些植物的种子，于是天子就开始让人种植苜蓿、葡萄，后来连离宫别观旁边都是葡萄、苜蓿，密密麻麻，一望无际。大宛等地没有丝和漆，不懂得如何铸造钱币和器皿。归顺后，汉朝人教他们制作兵器。

2. 是时四方儒士，多抱负典籍，云会京师。俄而高丽及百济、新罗、高昌、吐蕃等诸国酋长，亦遣子弟请入于国学之内。鼓箧而升讲筵者，八千余人，济济洋洋焉，儒学之盛，古昔未之有也。（《旧唐书·儒学传序》）

唐代文化繁荣，开放包容，不仅对外来文化进行吸收，而且还将儒家文化传播到四面八方。据《旧唐书·儒学传序》记载，当时不仅是全国各地的众多儒士携经书会聚京师，而且高丽、百济、新罗、高昌、吐蕃等国君王，也派遣子弟前来，请求进入国学学习中国文化。于是在国学之内，从负箧求学进而登上讲席的，有八千多人，唐朝儒学之盛况空前。

3. 俗爱书籍，至于衡门厮养之家，各于街衢造大屋，谓之扃堂，子弟未婚之前，昼夜于此读书习射。其书有"五经"及《史记》、《汉书》、范晔《后汉书》、《三国志》、孙盛《晋春秋》、《玉篇》、《字统》、《字林》；又有《文选》，尤爱重之。（《旧唐书·高丽传》）

隋唐时期，长安与高丽、百济、新罗等国来往密切。7世纪中叶，高丽还派遣贵族子弟到唐朝国学之内学习中国文化。汉文书籍甚至成了高丽人学习的主要书籍，高丽子弟未婚之前，昼夜于扃堂读书习射。他们所读书籍主要有"五经"及《史记》《汉书》《后汉书》《三国志》等。

4. 岁时伏腊，同于中国。其书籍有"五经"、子、史，又表疏并依中华之法。（《旧唐书·百济传》）

百济的四时节令及伏腊的祭祀，都与中国相同。7世纪中叶，百济派遣贵族子弟至长安入国学学习中国传统文化，百济子弟学习的内容也与中国学子一样，有"五经"、子、史，而且百济的表、疏也遵循中国的格式。

5. 春秋请诣国学观释奠及讲论，太宗因赐以所制《温汤》及《晋祠碑》并新撰《晋书》。……垂拱二年，政明遣使来朝，因上表请《唐礼》一部并杂文章，则天令所司写《吉凶要礼》，并于《文馆词林》采其词涉规诫者，勒成五十卷以赐之。……开元十六年，遣使来献方物，又上表请令人就中国学问经教，上许之。（《旧唐书·新罗传》）

唐朝贞观年间，新罗王派遣国相、伊赞干金春秋及其子文王来朝。唐太宗下诏授予春秋为特进，文王为左武卫将军。春秋请求到国学观摩释奠及讲论，太宗还把《温汤》《晋祠碑》以及新撰写的《晋书》赠予新罗。垂拱二年（686），新罗遣使来朝，上表请求赐予《唐礼》及文章，武则天赐以《吉凶要礼》和五十卷《文馆词林》规诫文章选。开元十六年（728），新罗又遣使来朝，向唐朝求学、求文，他们的这些要求，皇帝都予以极大满足。

6. 长安三年，其大臣朝臣真人来贡方物。……真人好读经史，解属文，容止温雅。则天宴之于麟德殿，授司膳卿，放还本国。开元初，又遣使来朝，因请儒士授经。诏四门助教赵玄默就鸿胪寺教之。……所得锡赉，尽市文籍，泛海而还。（《旧唐书·日本传》）

长安三年（703），日本大臣朝臣真人来唐朝并献上礼物。朝臣真人是日本重臣，他好读经史。唐朝开元年间，日本又遣使来朝，请求儒士授经，皇帝于是诏令四门助教赵玄默在鸿胪寺教授。日本使者把所得到的赏赐全部用来购买书籍，带回本国。

7. 其偏使朝臣仲满，慕中国之风，因留不去，改姓名为朝衡，……衡留京师五十年，好书籍，放归乡，逗留不去。天宝十二年，又遣使贡。上元中，擢衡为左散骑常侍、镇南都护。贞元二十年，遣使来朝，留学生橘逸势、学问僧空海。（《旧唐书·日本传》）

唐朝时日本派遣了许多遣唐使和留学生来到中国，其中著名的有朝衡、橘逸势、空海等人。朝衡本名仲满，是日本大臣，因为仰慕大唐文化，来到中国，改名朝衡。朝衡逗留中国五十年，仍是不愿离开。橘逸势、空海是日本留学生，他们来到中国学习，尤其醉心于中国书法艺术。他们在长安拜师学艺，书法水平得到很大提高，成为日本有影响的书法家。

8. 崔致远，《四六》一卷。又《桂苑笔耕》二十卷。高丽人，宾贡及第，高骈淮南从事。（《新唐书·艺文志》）

崔致远著有《四六》《桂苑笔耕》。崔致远为高丽人，宾贡及第，曾为高骈淮南从事。宾贡及第，指的是唐朝对外国留学生所实行的宾贡科制度，凡是应试及第者，皆可授以官职，由此可见唐朝文化对外国人的开放包容态度。

9. 诏行中书省唆都、蒲寿庚等曰："诸蕃国列居东南岛屿者，皆有慕义之心，可因蕃舶诸人宣布朕意。诚能来朝，朕将宠礼之。其往来互市，各从所欲。"（《元史·世祖本纪》）

元世祖对海外贸易很重视，开海禁，优恤舶商，促进海外贸易的发展。他曾经下诏说，东南沿海岛屿上的诸番国，皆有仰慕礼义之心，可以通过番国商船上的人传达意见，只要他们能够来朝觐，都将给予优厚礼遇，可以自由进行经济贸易往来，尽量满足他们的要求。

10. 帛黎，法国人，同治八年，来中国，充福州船政学校教员。十二年，赏五品衔，予双龙奖牌。……（光绪）二十二年，朝议行邮政，……帛黎实参治之。凡

都会、省城、通商口岸，渐次置局，命曰"大清邮政"。(《清史稿·帛黎传》)

法国人帛黎于同治八年（1869）来中国充当福州船政学校教员，同治十二年（1873），朝廷赏他五品衔，授予双龙奖牌。光绪二十二年（1896），朝议实行邮政，帛黎参与了清朝邮政及大清邮局的建设。

11. 建忠博学，善古文辞，尤精欧文，自英、法现行文字以至希腊、拉丁古文，无不兼通。以泰西各国皆有学文程式之书，中文经籍虽皆有规矩隐寓其中，特无有为之比拟而揭示之，遂使学者论文困于句解，知其然而不能知其所以然。乃发愤创为《文通》一书，因西文已有之规矩，于经籍中求其所同所不同者，曲证繁引，以确知中文义例之所在，务令学者明所区别，而后施之于文，各得其当，不唯执笔学为古文词有左宜右有之妙，即学泰西古今一切文学，亦不难精求而会通焉。(《清史稿·马建忠传》)

马建忠十分博学，善于古文辞，尤其精通欧洲语言，对英、法现行文字以至希腊、拉丁古文字，无不兼通，而且撰写了《文通》一书，按照西文的规范，在经籍中探求相同点和不同点，互相引证，力求会通。

12. 其倬奏开南洋，报可。已，复令商出洋者，必戚里具状，限期返，逾者连坐。起元曰："人之生死，货之利钝，皆无常，戚里岂能预料？且始不听出洋则已，今听之，商造船集，货费不赀，奈何忽挠以结状？若令商自具状，过三年不归，勿听回籍，不犹愈乎？"其倬从之。（《清史稿·沈起元传》）

　　康熙年间沈起元在福建任职，总督高其倬向朝廷上奏请求开放南洋，得到批准，但是规定了"必戚里具状，限期返，逾者连坐"的制度。沈起元觉得这样做并不利于开放南洋，因为在出海之前人们并不能对生死以及行程完全料定，而且商品、船舶以及货物等的费用也不低，所以要商人写保证书，对亲戚邻里进行连坐治罪的规定并不合理，不如规定商人下南洋超过三年不回来的，不允许返回原籍。高其倬听了后，觉得有道理，于是接受了他的建议。

参考文献

[1] 司马迁.史记[M].裴骃,集解,司马贞,索隐,张守节,正义.北京:中华书局,2000.

[2] 班固.汉书[M].颜师古,注.北京:中华书局,2000.

[3] 范晔.后汉书[M].李贤,等,注.北京:中华书局,2000.

[4] 陈寿.三国志[M].裴松之,注.北京:中华书局,2000.

[5] 魏收.魏书[M].北京:中华书局,2000.

[6] 房玄龄,等.晋书[M].北京:中华书局,2000.

[7] 李延寿.北史[M].北京:中华书局,2000.

[8] 魏徵.隋书[M].北京:中华书局,2000.

[9] 刘昫,等.旧唐书[M].北京:中华书局,2000.

[10] 欧阳修,宋祁.新唐书[M].中华书局,2000.

[11] 脱脱,等.宋史[M].北京:中华书局,2000.

[12] 宋濂,等.元史[M].北京:中华书局,2000.

[13] 脱脱, 等. 辽史 [M]. 北京: 中华书局, 2000.

[14] 脱脱, 等. 金史 [M]. 北京: 中华书局, 2000.

[15] 张廷玉, 等. 明史 [M]. 北京: 中华书局, 2000.

[16] 赵尔巽, 等. 清史稿 [M]. 北京: 中华书局, 1977.

[17] 续修四库全书 [M]. 上海: 上海古籍出版社, 2002.

[18] 三国志集解 [M]. 卢弼, 集解. 北京: 中华书局, 1982.

[19] 杜佑. 通典 [M]. 王文锦, 等, 点校. 北京: 中华书局, 1988.

[20] 唐六典 [M]. 陈仲夫, 点校. 北京: 中华书局, 1992.

[21] 王溥. 唐会要 [M]. 上海: 上海古籍出版社, 1991.

[22] 贞观政要 [M]. 骈宇骞, 齐立洁, 李欣, 译注. 北京: 中华书局, 2009.

[23] 资治通鉴 [M]. 北京: 中华书局, 1982.

[24] 魏源全集 [M]. 长沙: 岳麓书社, 2004.

[25] 刘肃. 大唐新语 [M]. 北京: 中华书局, 1984.

[26] 李焘. 续资治通鉴长编 [M]. 北京: 中华书局, 1986.

[27] 明太祖集 [M]. 胡士萼, 点校. 合肥: 黄山书社, 1991.

[28] 老子道德经注 [M]. 王弼, 注, 楼宇烈, 校释. 北京: 中华书局, 2011.

[29] 四书章句集注 [M]. 朱熹, 章句, 集注. 北京: 中华书局, 2011.

[30] 尚书 [M]. 慕平, 译注. 北京: 中华书局, 2009.

[31] 诗经译注［M］．周振甫，译注．北京：中华书局，2020．

[32] 礼记［M］．胡平生，张萌，译注．北京：中华书局，2017．

[33] 国语译注［M］．邬国义，胡果文，李晓路，译注．上海：上海古籍出版社，2017．

[34] 庄子今注今译［M］．陈鼓应，注译．北京：中华书局，2020．

[35] 墨子［M］．方勇，译注．北京：中华书局，2015．

[36] 荀子［M］．方勇，李波，译注．北京：中华书局，2011．

[37] 韩非子［M］．高华平，等，译．北京：中华书局，2014．

[38] 周易今注今译［M］．陈鼓应，赵建伟，注译．北京：中华书局，2020．

[39] 周易译注［M］．黄寿祺，张善文，译注．上海：上海古籍出版社，2001．

[40] 抱朴子外篇［M］．张松辉，张景，译注．北京：中华书局，2013．

[41] 管子［M］．李山，译注．北京：中华书局，2009．

[42] 管子校注［M］．黎翔凤，校注，梁运华，整理．北京：中华书局，2004．

[43] 近思录［M］．杨浩，译注．北京：中华书局，2020．

[44] 朱子全书［M］．上海：上海古籍出版社，2002．

[45] 淮南子集释［M］．何宁，集释．北京：中华书局，1998．

[46] 管子四篇诠释：稷下道家代表作解析 [M]. 陈鼓应, 注释. 北京：商务印书馆, 2006.

[47] 吕氏春秋 [M]. 刘生良, 评注. 北京：商务印书馆, 2015.

[48] 说苑全译 [M]. 王锳, 王天海, 译注. 贵阳：贵州人民出版社, 1992.

[49] 程颢, 程颐. 二程集 [M]. 王孝鱼, 点校. 北京：中华书局, 1981.

[50] 朱子语类 [M]. 黎靖德, 编, 王星贤, 点校. 北京：中华书局, 2020.

[51] 王阳明全集 [M]. 吴光, 等, 编校. 上海：上海古籍出版社, 1992.

[52] 近思录集解 [M]. 叶采, 集解, 程水龙, 校注. 北京：中华书局, 2017.

[53] 刘宗周全集 [M]. 吴光, 主编. 杭州：浙江古籍出版社, 2007.

[54] 李觏集 [M]. 王国轩, 点校. 北京：中华书局, 2011.

[55] 王安石全集 [M]. 王水照, 主编. 上海：复旦大学出版社, 2016.

[56] 张子正蒙注 [M]. 王夫之, 注. 北京：中华书局, 1975.

[57] 船山全书 [M]. 长沙：岳麓书社, 2011.

[58] 黄宗羲, 全祖望. 宋元学案 [M]. 陈金生, 梁连华, 点校. 北京：中华书局, 1986.

[59] 经史百家杂钞 [M]. 曾国藩, 编. 长沙：岳麓书社, 2015.

[60] 孔子家语通解 [M].杨朝明,宋立林,主编.济南:齐鲁书社,2013.

[61] 弘明集 [M].刘立夫,魏建中,胡勇,译注.北京:中华书局,2013.

[62] 华严原人论校释 [M].石峻,董群,校释.北京:中华书局,2019.

[63] 法苑珠林校注 [M].周叔迦,苏晋仁,校注.北京:中华书局,2003.

[64] 佛祖统纪校注 [M].释道法,校注.上海:上海古籍出版社,2012.

[65] 林兆恩.林子三教正宗统论 [M].北京:宗教文化出版社,2016.

[66] 袁了凡.了凡四训 [M].尚容,徐敏,赵锐,评注.北京:中华书局,2013.

[67] 郭朋.中国佛教思想史 [M].福州:福建人民出版社,1995.

[68] 岑参诗笺注 [M].廖立,笺注.北京:中华书局,2018.

[69] 元稹集 [M].冀勤,点校.北京:中华书局,1982.

[70] 韩昌黎文集校注 [M].马其昶,校注,马茂元,整理.上海:上海古籍出版社,1986.

[71] 沧浪诗话校释 [M].郭绍虞,校释.人民文学出版社,1961.

[72] 南卓,段安节,王灼.羯鼓录　乐府杂录　碧鸡漫志 [M].上海:古典文学出版社,1957.

[73] 文心雕龙辑注 [M].黄叔琳,注,纪昀,评.北京:

中华书局，1957.

[74] 刘侗，于奕正. 帝京景物略 [M]. 孙小力，校注. 上海：上海古籍出版社，2001.

[75] 怀麓堂诗话校释 [M]. 李庆立，校释. 人民文学出版社，2009.

[76] 历代诗话续编 [M]. 丁福保，辑. 北京：中华书局，1983.

[77] 李时珍. 本草纲目 [M]. 陈贵廷，等，点校. 北京：中医古籍出版社，1994.

[78] 本草纲目拾遗 [M]. 赵学敏，辑. 北京：人民卫生出版社，1963.

[79] 千家诗 [M]. 张立敏，注，北京：中华书局，2009.

[80] 赵贞吉诗文集注 [M]. 官长驰，集注. 成都：巴蜀书社，1999.

[81] 韩诗外传笺疏 [M]. 屈守元，笺疏. 成都：巴蜀书社，1996.

[82] 苏轼选集 [M]. 王水照，选注. 上海：上海古籍出版社，1984.

[83] 杜甫选集 [M]. 邓魁英，聂石樵，选注. 上海：上海古籍出版社，2012.